Bom dia!

Algarve – wer denkt da nicht an kristallklares Wasser in idyllischen Buchten, an bizarre Felsen, Höhlen und Grotten? Und genau so sieht es an der berühmten Felsalgarve aus. Aber das ist nur die eine Seite der Algarve, nämlich die westliche. An der Ostküste ziehen sich flache Lagunen und kilometerlange Sandstrände entlang. Und die Südwestküste, die Costa Vicentina und Costa Alentejana, ist noch mal anders: wilde Felswände, weite Sandstrände, ideale Wellen für Surfer. Die Algarve bietet wirklich einen perfekten Strandmix! Sogar in der Hochsaison findet man überall ein stilles Plätzchen, manche Strände im Westen sind fast menschenleer.

AN DER SÜDWESTKÜSTE SIND DIE WEITEN SANDSTRÄNDE HÄUFIG MENSCHENLEER.

AKTIV IN DER ALGARVE

Ganz besondere Tipps hat der Autor Andreas Drouve in der Rubrik »Ja natürlich« für Sie zusammengestellt – am Ende jedes Kapitels. Speziell die umweltschonende Tour mit dem Solarboot durch die Ria Formosa möchte ich Ihnen ans Herz legen: Angenehm leise gleiten Sie durch die stillen Gewässer des Naturparks in der Ostalgarve (S. 39). Wer lieber per pedes unterwegs ist, teste einmal einen Abschnitt der Via Algarviana (S. 52). Dieser Fernwanderweg führt quer durch die Algarveberge – vom Guadiana, dem Grenzfluss zu Spanien, bis zum Kap São Vicente.

ALENTEJO – NOCH WENIG BEKANNT

Erst allmählich wird der Alentejo als Urlaubsregion entdeckt. Hier gibt es neben den Stadtschönheiten Beja und Évora nur ein paar kleine Dörfer und ansonsten nichts als Pinien, Olivenbäume und Korkeichen. Apropos Kork: Portugal ist weltweit der größte Produzent. Wussten Sie, dass außer Weinverschlüssen auch Krawatten und sogar Brautkleider aus Kork hergestellt werden? Wie der Naturstoff gewonnen und bearbeitet wird, erfahren Sie auf S. 106ff.

Herzlich

Ihre

Birgit Borowski

Birgit Borowski
Redaktion DuMont Bildatlas

Die leider viel zu früh verstorbene Fotografin Sabine Lubenow hat mehrere DuMont-Bildatlanten fotografiert. Die Algarve erwanderte sie sich auch gern mit ihrem Partner, wie die Bilder auf S. 52/53 zeigen. Der Autor und Journalist Andreas Drouve ist in jeder Ecke der Algarve aktiv gewesen. Er lebt in Pamplona (Spanien) und kennt sich auf der gesamten Iberischen Halbinsel bestens aus.

88

Entspannung pur für Stressgeplagte – Alternativtourismus in einem Bauerndorf im Hinterland

Die Algarve-Küche ist ehrlich und schnörkellos. Im Fokus stehen Fisch und Meeresfrüchte.

Am schönsten erkundet man die bizarre Felsalgarve mit ihren Grotten und Höhlen vom Boot aus. Paradebeispiel: Ponta da Piedade.

32

58

UNSERE
TOP-9

Das Beste erleben

Berührend, aufregend und spannend ...
sind unsere Ideen, die wir für Ihren Aufenthalt
an der Algarve zusammengetragen haben.

Starke Vielfalt

* 1 *

TAVIRA

Die Mischung macht's in Tavira:
der Rio Gilão, Flusspromenaden,
historisches Zentrum, Kirchenpracht,
viele Möglichkeiten zur netten Einkehr ...
Seite 38

* 2 *

SERRA DE MONCHIQUE

Auf den Berggipfeln Fóia und Picota
liegt Besuchern die Algarve zu Füßen.
Seite 78

Frischer Schwung

* 3 *

PONTA DA PIEDADE

Auf Bootstour zu bizarren Felsgebilden
und Meeresgrotten – ein Evergreen
an der westlichen Algarve bei Lagos.
Seite 78

* 4 *

ROTA VICENTINA

Auf dem Fischer-Trail der Rota Vicentina
bieten sich hoch über den Klippen
faszinierende Ausblicke und eine vielfältige Vegetation.
Seite 92

Grüne Wunder

*** 5 ***

NATURPARK RIA FORMOSA

Eines der größten Lagunenschutzgebiete Europas ist die Heimat einer vielfältigen Fauna und Flora.

Seite 38 und 55

*** 6 ***

CABO DE SÃO VICENTE

An den wind- und wellengepeitschten Klippen des Kaps stürzt Europas Südwesteck in den Atlantik.

Seite 79

Große Kultur

*** 7 ***

IGREJA DE SÃO LOURENÇO

Eine Sturzflut aus blau-weißen Schmuckfliesen, dazu der Goldglanz des Hochaltars, das ist Kirchenbaukunst am Ortsrand von Almancil.

Seite 56

*** 8 ***

ÉVORA

Römertempel und Mauermantel, Kathedrale und Knochenkapelle – Geschichte begleitet Besucher in der Altstadt von Évora auf Schritt und Tritt.

Seite 111

*** 9 ***

CROMELEQUE DOS ALMENDRES

In einem versteckten Winkel des Alentejo verbirgt sich einer der eindrucksvollsten Steinkreise auf der Iberischen Halbinsel.

Seite 112

UNTER SÜDLICHER SONNE

Am Strand ausspannen unter wolkenfreiem Himmel, ab und zu eine Abkühlung im Atlantik – manchmal möchte man die Zeit anhalten, damit der Urlaub nicht wie im Flug vergeht. So wie hier an Albufeiras »Fischerstrand«, der Praia dos Pescadores. Wer in die oberen Bereiche des Ferienstädtchens hinaufsteigt, wird mit einem Perspektivenwechsel und einem herrlichen Panorama belohnt.

HART VERDIENTES BROT

Es gibt sie noch an der Algarve, die Fischer – wie hier am Strand von Armação de Pêra. Ihre harte Arbeit wirft vergleichsweise wenig ab, doch wer das Meer liebt und die Tradition der Väter fortführt, kann einfach nicht davon lassen. Aus Sicht der auswärtigen Besucher ist das gut so, denn in den kleinen Restaurants an der Küste geht ja nichts über fangfrisches Meeresgetier!

ROCHAMAR

TREFFPUNKT MARKT

Wenn Portugiesen auf den Markt gehen, haben sie nicht nur Einkäufe im Sinn. Märkte, ob groß oder klein, ob in der Halle oder unter freiem Himmel, sind soziale Treffs. Auch für Auswärtige haben sie stets ihren Reiz. Da gibt es Fisch, wie hier in Lagos, oder Gemüse aus eigenem Anbau, Honig direkt vom Imker, Gewürze, Knoblauch, Paprika, Ziegenkäse, Würste …

05
04

LAGOS ATMET GESCHICHTE

Schon vor 3000 Jahren hatten die Phönizier hier eine wichtige Handelsniederlassung. In römischer Zeit hieß die Stadt Lacobriga. Heute ist das Hafenstädtchen eines der beliebtesten Touristenzentren der Felsalgarve und ein guter Urlaubsstützpunkt.

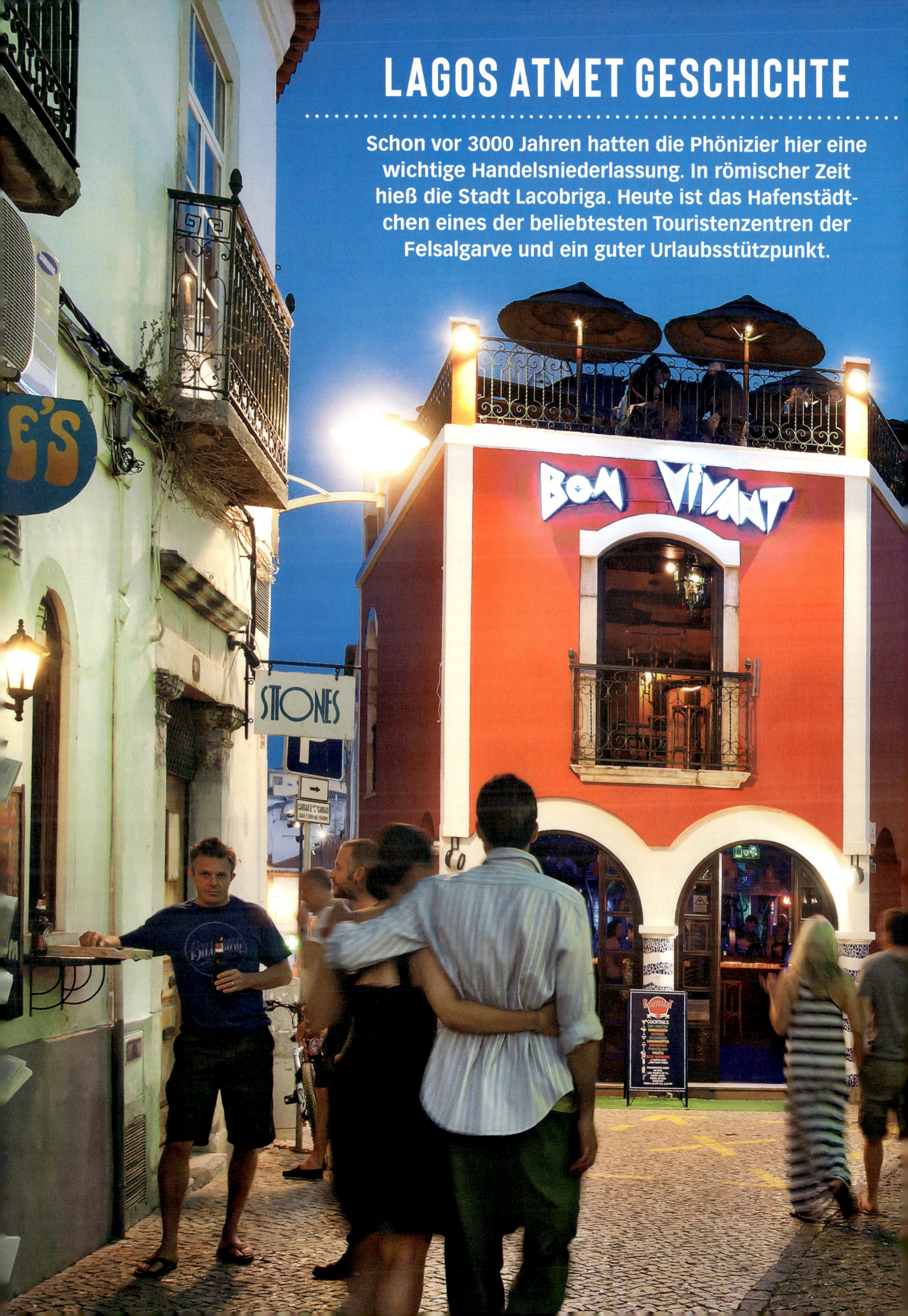

MILLENIUM
COCKTAIL BAR
WiFi
ZONE

FERIEN FÜR FRISCHLUFTFANS

Aktivurlaubern sind in Südportugal fast keine Grenzen gesetzt. Dabei muss es nicht immer die Küste mit ihrem Wassersportangebot sein. Im Hinterland gibt es herrliche Strecken für Mountainbiker und Wanderer – und manch gute Gelegenheit zu einem Ausritt für Pferdefreunde. Den Reitern im Bild kann man in den Weiten der Region Alentejo nacheifern.

SONNIGER FELSENGARTEN

Wenn die Sonne Klippen und Atlantik in warmes Licht taucht, geht einem an der Algarve das Herz auf. Portugals südlichste Festlandsregion wird gern für ihren ewigen Frühling gerühmt. So ist die Algarve ein Synonym für Ferienfreuden und hält zudem vielerlei Abwechslung bereit. Wen mag es da wundern, dass viele Urlauber »Wiederholungstäter« sind?

UNSERE **FAVORITEN**

Die schönsten Strände

PARADIES FÜR STRANDLÄUFER

Badebuchten zwischen Felsen, wilde Strände, an denen der Atlantik schäumt, sandige, sonnendurchflutete Weiten – Strände gibt es an der Algarve wie Sand am Meer. Die Schönheit liegt letztlich im Auge des Betrachters. Unsere acht Favoriten haben wir hier für Sie zusammengestellt.

1 Praia do Amado

Der Topstrand der Costa Vicentina wendet sich in der Nähe von Carrapateira ungeschützt zum Atlantik hin und spannt sich über eine Länge von etwa einem Kilometer von Felsmassiv zu Felsmassiv. Die Praia do Amado ist vor allem als Surfermekka bekannt. Hier unterhalten etliche Surfschulen ihre temporären Stützpunkte.

2 Praia do Beliche

Der Fußgängern vorbehaltene Zugang, der von einem Parkplatz an der Straße zwischen Sagres und dem sagenhaften Cabo de São Vicente an den Beliche-Strand führt, ist leicht zu übersehen. Über Treppen geht es hinunter, Felswände schirmen den Strand zum Land hin ab. Da fühlt man sich herrlich abgeschnitten von den Besucherströmen, die oben über der Küste motorisiert aufs Kap zurollen. Ein Umfeld, das auch von Surfern geschätzt wird.

3 Praia das Furnas

Er ist einer dieser wilden, versteckteren Traumstrände im Westen der Algarve, zum Küstenstrich zwischen Sagres und Salema gehörig. Da die Zufahrt etwas schwierig ist, ist er immer ziemlich leer – und zum Glück ist der Strand nicht bebaut. Vom Stand der Flut hängt es ab, wie weit man nach links in die Seitenbuchten herumgehen und Felsformationen bewundern kann.

4 Praia Dona Ana

Typisch Felsalgarve, Barlavento! Dieser Badestrand bei Lagos ist zwar alles andere als ein Geheimtipp, wie der Zulauf zeigt. Traumhaft und spektakulär bleibt er trotzdem. Dafür sorgen die umliegenden Klippenkulissen der Ponta da Piedade. Der Wassereinstieg am Dona-Ana-Strand ist flach, allerdings gilt es, auf Felsplatten zu achten.

5 Praia da Falésia

Was für Farbspiele zwischen blaugrünem Wasser und majestätischen Klippen! An denen läuft nämlich der Falésia-Strand Kilometer um Kilometer vorbei. Die schrundigen Felsabstürze leuchten rostrot, hellbraun oder weiß in der Sonne. Stellt sich die Frage nach Lust und Tageslaune: Baden, zum Beach Walking aufbrechen, einfach relaxen – oder eins nach dem andern? Und in welcher Reihenfolge am liebsten?

6 Praia da Ilha de Faro

Ein Strandtipp in Stadt- und Flughafennähe von Faro? Ja, denn diese Sandweiten sind wirklich überraschend und ab Faro leicht zugänglich. Dass sie zu einer Insel gehören, merkt man spätestens auf der Zufahrt über den Damm. Kaum ist der überwunden, braucht es nur ein bis zwei Gehminuten von einem der Parkplätze bis zum langgestreckten, der offenen See zugewandten Strand. Ein wunderbarer Spot auch für den Sonnenuntergang!

7 Praia de Santo António

Die Gefahr der Überflutung durch Menschenmassen ist an diesem Strand gering, das macht ihn so reizvoll. Die Praia de Santo António, der östlichste Strand der Algarve, dehnt sich breit und lang aus – charakteristisch für die Sandalgarve, Sotavento. Ein Damm trennt den Strand von der Mündung des Rio Guadiana, rückwärtig wird er von Dünen begrenzt. Den Weg hierher findet nicht jeder so leicht. Westwärts in der Ferne liegt der Ferienort Monte Gordo.

8 Praia da Franquia

Wie wär's zur Abwechslung mit einem Flussstrand und einem gänzlich anderen Panorama? Die Praia da Franquia legt sich im Alentejo-Küstenstädtchen Vila Nova de Milfontes um eine Biegung des Rio Mira, bevor der Fluss den Atlantik erreicht. Der Einstieg ins Wasser erfrischt gefahrlos, denn der Mira ist kein reißender Strom. Insofern ist der Strand auch gut geeignet für Familien mit Kindern. Als Zugabe gibt es den schönen Blick über den Fluss hinweg aufs andere Ufer.

Östliche Algarve

*

SANDIGER EINSTIEG

*

Der östliche Teil von Portugals Traumküste entfällt auf die Sandalgarve. Zu langen Stränden gesellen sich im Naturpark Ria Formosa Sümpfe und Inseln, Lagunen, Salzgärten und Labyrinthe aus Kanälen. Und auch der Blick ins Hinterland lohnt, wo der Rio Guadiana an idyllischen Orten wie Alcoutim vorbeiströmt.

Der Strand von Cacela Velha liegt im östlichen Zipfel des Naturparks Ria Formosa, einem der größten Lagunenschutzgebiete Europas.

Kurz bevor der Grenzfluss Guadiana bei Vila Real de Santo António in den Atlantik mündet, verbindet die Schrägseilbrücke Ponte Internacional do Guadiana Portugal mit Spanien.

Traumhafte Strände, feinsandig und sauber, finden sich an der Algarve von Ost bis West. Die Praia de Monte Gordo und die Praia Verde liegen weit im Osten.

Nach dem Erdbeben von 1755 ließ Marquês de Pombal (1699–1782) Vila Real de Santo António errichten. Die Reißbrettordnung der Straßen und Gebäude stammt aus jener Zeit.

Die Praça Marquês de Pombal in Vila Real de Santo António setzt dem Minister ein Denkmal.

LICHT UND WASSER SIND GLASKLAR, FRISCHE BRISEN VOM ATLANTIK LASSEN SELBST HOCHSOMMERTAGE ERTRÄGLICH WERDEN.

Sonne, Sand und Wind sind Attribute, mit denen Besucher die Algarve gern verbinden. Licht und Wasser sind glasklar, frische Brisen vom Atlantik lassen selbst Hochsommertage erträglich werden. Den Auftakt zu über 200 Küstenkilometern macht im Osten die Sandalgarve, Sotavento genannt, die an der Grenze zu Spanien am Rio Guadiana beginnt und mit den weiten Stränden von Monte Gordo und Manta Rota Fahrt aufnimmt.

ÖKOLOGISCHE NISCHE

Klein, aber fein ist die ökologische Nische, die sich an den Ufern des Guadiana kurz vor der Mündung in den Atlantik öffnet: die Reserva Natural do Sapal, ein Schutzgebiet, das von Brackwasser, Sümpfen und Salinen geprägt ist. Trotz Salzwirtschaft, der Nähe zu Ortschaften sowie der riesigen Autobahnbrücke über den Fluss findet sich auf einer Fläche von lediglich 2308 Hektar abseits der Strände eine überraschend intakte Flora und Fauna, die Naturliebhabern das Herz aufgehen lässt. Charakteristisch für den Bewuchs sind Schlickgräser. In der Vogelwelt kommen über 150 Arten vor, darunter Flamingos, Weißstörche und Watvögel wie der Rotschenkel, der Sandregenpfeifer, die taubengroße Uferschnepfe oder der schwarz-weiß gefiederte Säbelschnäbler. Rette sich, wer kann, heißt es bei ihrem Erscheinen für Krebse und anderes Kleinstgetier. Dauerhaft auf Tauchstation sind Goldbrassen, Meeräschen und Wolfsbarsche, die in der Reserva Natural Laichgründe finden.

FÄDEN DER GESCHICHTE

Castro Marim, der Zwei-Burgen-Ort am Rand der Reserva Natural do Sapal, gibt ein bezeichnendes Beispiel für die wechselvollen Geschichtsverläufe an der Algarve ab. Die Ursprünge menschlicher Präsenz in der Gegend reichen bis in die Jungsteinzeit zurück. Die Römer befestigten eine erste Hügelsiedlung und banden Castro Marim in ihr Straßennetz ein, das sich durch den Alentejo bis nach Lissabon spannte. Bedeutsam war von Beginn an der nahe Schutzhafen für die Schiffe, die flussaufwärts den unteren Guadiana befuhren. Im Frühmittelalter geriet Castro Marim unter die Herrschaft der Mauren, die dem gesamten Süden Portugals ein halbes Jahrtausend lang ihren Stempel aufdrückten – bis zur Rückeroberung Mitte des 13. Jahrhunderts. Was aus der islamischen Epoche blieb, waren Burganlagen wie in Castro Marim, ausgefeilte Bewässerungstechniken für die Landwirtschaft und der Name der Algarve: *al-gharb* (der Westen). Nach dem Sieg über die Muslime galt es, die Neube-

In seinem Unterlauf bildet der Rio Guadiana (rechts) die Landesgrenze zwischen Portugal und Spanien. Vor Jahrhunderten spähte man vom portugiesischen Alcoutim (unten) misstrauisch über den Fluss auf das spanische Sanlúcar de Guadiana mit seiner Festung – und umgekehrt.
Gleich zwei Festungen erheben sich über Castro Marim (ganz rechts). Von der Anhöhe des Castelo São Sebastião (17. Jahrhundert) schweift der Blick über den Ort mit der Kirche Nossa Senhora dos Mártires hinüber zur alten Burg (13. Jahrhundert).
Auf der Fahrt von Castro Marim nach Alcoutim passiert man die Barragem de Odeleite, den Stausee von Odeleite (rechts unten).

siedlung voranzutreiben und im Zeichen des Kreuzes den Schutz zu verstärken, im Falle Castro Marims zunächst mithilfe der Christusritter. Latente Gefahren drohten fortan aus Marokko und vor allem aus Spanien.

KOMPLIZIERTES VERHÄLTNIS

Portugiesen und Spanier sind sich nah und doch irgendwie fremd. Ein kompliziertes Verhältnis, bei dem es schwer mit-, aber auch nicht ohneeinander geht. Unvergessen ist den Portugiesen, dass sie 1580 bis 1640 unter der Zwangsherrschaft ihrer Nachbarn standen. Nach der Loslösung ließ König João IV. in Castro Marim flugs eine zweite Festung errichten, um den Spaniern die Stirn zu bieten. Und als man 1774 das östlichste Algarve-

»AUS SPANIEN KOMMEN KEINE GUTEN WINDE UND KEINE GUTEN HEIRATSPARTNER.«

städtchen Vila Real de Santo António aus dem Boden stampfte, spielte nicht nur die Kontrolle des Wareneingangs über den Guadiana eine Rolle. Zu frisch waren die Erinnerungen an einen erneuten Invasionsversuch Spaniens im Jahrzehnt davor. Obwohl eher der Norden des Landes betroffen war, ist es kein Zufall, dass in Vila Real de Santo António – außer Rathaus und Zollamt – die Fertigstellung der Kasernen Priorität besaß.

»Aus Spanien kommen keine guten Winde und keine guten Heiratspartner«, lautet ein Sprichwort in Portugal. Ausnahmen bestätigen die Regel, doch manche Beziehungen waren und sind rein sachlich-monetärer Art. Einst zogen die Schmuggler beider Lager gern an einem Strang, wenn es um Getreide, Alkohol, Kaffee und das Auskundschaften der Zöllnerpatrouillen ging. Heute fahren Portugiesen ganz legal auf die Gegenseite zum günstigeren Tanken, während Spanier sich am anderen Ufer, in Vila

Das malerische Dörfchen Cacela Velha steht unter Denkmalschutz.

Beim Castelo de Cacela genießt man die Aussicht über die Lagunengebiete des Naturparks Ria Formosa.

Einst galt das am Rio Gilão gelegene Tavira als wichtigster Hafen der Algarve. Das Flair eines traditionellen Fischerorts hat sich die Kleinstadt stellenweise bewahrt.

Auch in und um Tavira, ein Stück südwestlich von Cacela Velha, ist Wasser das Leitmotiv. Von hier aus kann man die Lagunenlandschaft der Ria Formosa mit dem Boot erkunden.

Special

Azulejos

Bunte Begleiter

Azulejos, die typischen Keramikfliesen, sind Blickfang und Dauerbegleiter auf Reisen durch Portugal. Sie überziehen Fassaden in Alcoutim und Vila Real de Santo António, sie schmücken die Igreja da Misericórdia in Tavira – und überall bringen sie Farbe ins Spiel. Ihre Verwendung geht auf die Mauren zurück. Später fertigten die Portugiesen die »polierten Steinchen«, so die Bedeutung des arabischen *al-zulaij,* in eigenen Werkstätten. Weltliche wie kirchliche Herrscher sorgten für Nachfrage, das einfache Volk zog nach. So breiteten sich Azulejos nicht nur in Palästen und Gotteshäusern aus, sondern auch an Hausfassaden, auf Brunnen und Bänkchen, in Innenhöfen oder Treppenaufgängen – mit geometrischen oder figürlichen Motiven. Oder in Form großer Mosaike, die Geschichtsepisoden erzählen oder Szenen des Brauchtums zeigen. Farblich herrschen Blau, Gelb und Weiß vor. Es geht aber auch in Orange oder Grün, jedoch nie bunt durcheinander.

Azulejos in Taviras Igreja da Misericórdia

Die farbigen Fliesen sind nicht nur Zierrat. Azulejos mit Christus oder der heiligen Jungfrau von Fátima beschützen symbolisch ein Haus. Größere Fassadenbeläge erfüllen praktische Zwecke, indem sie für Kühle sorgen und das Mauerwerk besser erhalten. Mögen die Fliesen gelegentlich bröckeln – die Liebe der Portugiesen zu ihren Azulejos ist ungebrochen.

Real de Santo António, mit Haushaltswaren eindecken. Bei alledem bleiben sich Spanier und Portugiesen – Gegenspieler über Jahrhunderte – bis in die Gegenwart eher fremd. Den Unterschied kann man sogar hören: Spanier brauchen einige Dezibel mehr, um ihr akustisches Wohlfühlklima zu erreichen, Portugiesen mögen es hingegen stiller.

GRENZFLUSS GUADIANA

Wie ein Sinnbild steht der Rio Guadiana für die Zwangsbeziehung beider Länder. Die Geografie gibt vor, sich den Fluss zu teilen, von dem beide Anrainer seit jeher profitieren. Im Süden Spaniens entspringend, bringt der Guadiana hinter der Stadt Badajoz seine Wasser nach Portugal, wo ihn im Alentejo die gewaltige Barragem de Alqueva aufstaut. Weiter südlich war er im Unterlauf einst ab Mértola schiffbar, was ihn in die Handelsrouten zwischen Atlantik und Mittelmeer einband. Lastkähne luden Kupfer und Gold auf, Weizen, Olivenöl, Honig, Leder und weitere Agrarprodukte, die aus dem ferneren Inland stammten.

Gegen Ende seiner rund 800 Kilometer langen Reise bildet der Guadiana die Landesgrenze und windet sich in ausgedehnten Schleifen durch das Hinterland der Algarve. Dort verdeutlicht der Ort Alcoutim einmal mehr das historische

Von der über den Fluss Gilão führenden Ponte Romana kommend, landen Stadtbummler unmittelbar auf Taviras zentralem Platz, der Praça da República. An lauen Sommerabenden ist das ein perfekter Open-Air-Treff für alle Altersklassen.

Kopfsteingepflasterte Gassen und die siebenbogige sogenannte Römerbrücke (rechts) von 1655, die beim großen Erdbeben zerstört und 1870 wiederaufgebaut wurde, tragen zum Reiz des Städtchens Tavira bei.

Der Bummel durch Taviras historisches Zentrum führt hinauf zum kleinen, auf die Mauren zurückgehenden Castelo und zur Kirche Santa Maria do Castelo, die im 13./14. Jahrhundert auf den Fundamenten einer Moschee erbaut wurde.

»FRÜHLING, BREITE DEINEN MANTEL AUS WOLKEN AUS UND FÜLLE DIE SEGEL MIT WIND, DER ÜBER DIE SPIELPLÄTZE MEINER KINDHEIT WEHT.«

Ibn Darrag (958–1030)

Spannungsfeld zwischen Krieg und Frieden. Im 17. Jahrhundert wurden die Mauern zum Guadiana hin verstärkt und die Festung von Militäringenieuren mit einer Plattform für schweres Geschütz ausgestattet. Heute herrscht Friedensstimmung in Alcoutim, auf der Burg, dem Hauptplatz. Ein Leichenzug kommt einem gesellschaftlichen Großereignis gleich, in den Gassen stehen Blumenkästen. Unten am Fluss laden Bänkchen zur Rast im Duft von Oleander ein, Enten watscheln umher, aus Spanien dringt das Blöken von Schafen herüber. Tierisches Wahrzeichen der Moderne ist eine bunte Fischotter-Skulptur, vom Künstler Bordalo II aus recyceltem Müll gefertigt.

»NUR 100 KLEINE THUNFISCHE«

»Frühling, breite deinen Mantel aus Wolken aus und fülle die Segel mit Wind, der über die Spielplätze meiner Kindheit weht«, schrieb der maurische Poet Ibn Darrag (958–1030), der unter dem Kalifen von Córdoba – im heutigen Spanien – am Hof Karriere machte. Seine Kindheitserinnerungen kreisten um die Algarve, wo er in Cacela Velha zur Welt kam, einem unverfälschten Dorf über der Küste, das seinen berühmtesten Sohn mit einem nach ihm benannten Platz in Ehren hält. Die Lagunenlandschaft vom Ortshügel aus im Blick, stimmt Cacela Velha auf den Parque Natural da Ria Formosa ein. Als Patchwork aus Landzungen, Sandbänken, Inseln, Stränden und Kanälen durch Salz- und Süßwasser zieht sich der vogel- wie fischreiche Naturpark über gut 60 Kilometer Richtung Südwesten hin, bis hinter Faro. Ungeschminkte Zwischenbemerkung: Nicht immer entsteigen den Gebieten die angenehmsten Düfte!

Obgleich nicht am offenen Ozean gelegen, bleibt in und um Tavira herum das Wasser das Leitmotiv. Am historischen Zentrum zieht der Rio Gilão vorbei, kurz darauf geht er in einem weit verästelten System aus Wasseradern unter. Kirchen und Burgmauern bezeugen die Geschichte, der Tourismus löste den traditionellen Fischfang als lukrativere Einkommensquelle ab.

Einst galt Tavira als Hochburg des Thunfischfangs an der Algarve, doch nicht jede Ära war golden, wie der deutsche Naturwissenschaftler Heinrich Friedrich Link in der Sprache jener Zeit in seinen Reiseskizzen bemerkte: »So fing man im Sommer 1799 nur 100 kleine Thunfische zu Tavira. Bey dunkelm Wetter und trübem Wasser ist der Fisch wild und zerreißt oft die Netze, bey hellem Wetter und stillem Wasser aber so furchtsam, daß die Fischer sagen, er fürchte sich vor seinem eigenen Schatten.«

Aus Küche und Keller

EIN HAUSBRAND UND ATLANTIKSCHÄTZE

Fisch und Schalentiere sind Klassiker im Süden Portugals – aber nicht die einzigen. Ein Medronho aus den Algarvebergen bringt auf Betriebstemperatur. In Weinen aus dem Alentejo dringen Kräuter- und Beerenaromen durch. Und vielerorts ist die Küche schnörkellos und ehrlich.

Die Uferzonen des Rio Gilão in Tavira verlocken dazu, sich gemütlich niederzulassen.

Die authentischsten Lokale und Restaurants kommen oftmals ohne Speisekarte aus, ohne Werbung, ohne Internetauftritt. Das können versteckte Einheimischentreffs auf dem Land sein, die zum Beispiel eine Jardineira auftischen, einen »Garteneintopf« nach Art des Hauses. Frisch geerntete Kartoffeln, Erbsen und Möhren schwimmen dann im deftigen Sud. Und wenn die Einheimischen zu Beginn der Mahlzeit eine dicke Scheibe Bauernbrot in der Brühe ertränken (und diese sich vielleicht erst zum Schluss schmecken lassen), so entspricht das der langen Tradition im Landstrich Alentejo. Seit alters her gilt es, sich für strapaziöse Arbeiten gut zu stärken.

Zwischendurch gibt es wie selbstverständlich von den Wirtsleuten kostenlosen Nachschlag und eine Karaffe Hauswein: oft einen einfachen Roten, so typisch und unverfälscht wie die Mahlzeit als Ganzes, die schließlich ihren Abschluss in einem Erdbeerbaumschnaps findet. Aguardente de Medronho heißt der Klare mit rund 50 Volumenprozent. Das spült einen so richtig durch!

BRENNEREIEN IM GEBIRGE

Über die Serra de Monchique verteilen sich Brennereien, die bis heute Aguardente de Medronho produzieren. Oftmals handelt es sich um Ein-Mann-Betriebe, die auch Besucher in ihrem hochprozentigem Reich willkommen heißen. In großen Fässern fermentiert das Feuerwasser über Monate; die alten Destillieranlagen werden meist mit Eukalyptus- oder Erdbeerbaumholz befeuert. Häufig ist das Modernste im Raum das Siegel, mit dem Amtsvertreter bis auf weitere Weisung einen Brennereibetrieb verschlossen halten. Auf dass Vater Staat nicht ein Milliliteranteil Steuer entgehe. Die bürokratischen Hürden bei der Produktion sind immens, denn das Image der Schnaps- als Schwarzbrenner hält sich beständig. Gemessen am Preis, ist der Erdbeerbaumschnaps – der althergebrachte Standarddrink der Bauern und Fischer – heute eine Delikatesse, die sich nicht mehr jeder leisten kann. Ein Wermutstropfen. Der Arbeitsaufwand ist immens. Wenn der Erdbeer-

Im Sommer haben an der Algarve *sardinhas assadas* – gegrillte Sardinen – Hochkonjunktur.

Links: Entenmuscheln sind alles andere als Teller-Schönheiten und haben ihren Preis – denn ihre Ernte an Felsen ist aufwendig und gefährlich.

baum im Herbst seine roten Früchte trägt, steht die Ernte in Handarbeit an. Ein guter Pflücker schafft 40 bis 60 Kilogramm pro Tag, was letztlich vier bis sechs Litern Branntwein ergibt. Heutzutage halten sich die Brenner mehr schlecht als recht über Wasser und produzieren als zweites Standbein Honig (Mel).

SARDINEN UND HAIE

An der Algarve deckt vielerorts das Meer den Tisch, geschrumpfte Fanggründe hin oder her. Noch immer liefert der Atlantik genügend Meeresgetier wie Thunfisch *(atum)*, Tinten-

AN DER ALGARVE DECKT VIELERORTS DAS MEER DEN TISCH, GESCHRUMPFTE FANGGRÜNDE HIN ODER HER.

Grundlage für die schnörkellose Küche des Alentejo: Freilandschweine in der Nähe von Evora. Die Früchte des Erdbeerbaums sind Grundlage für den beliebten portugiesischen Digestif.

Honig und Schnaps aus den Bergen

Branntwein und Honig gibt es bei einzelnen Erzeugern oder im Bergort Monchique zu fairen Preisen in diesem Laden:

Loja do Mel e do Medronho
Largo 5 de Outobro
Tel. 967 73 57 83

fisch *(lula)*, erlesene Entenmuscheln *(percebes)* oder Herzmuscheln *(amêijoas)*. Auf den Märkten in Olhão und Quarteira liegen bergeweise Sardinen aus, auch Schwertfische, kleine Rochen oder Haie.

In Restaurants wird häufig der frische Fisch des Tages *(peixe fresco)* empfohlen, im Sommer haben gegrillte Sardinen *(sardinhas assadas)* Hochkonjunktur. Auf den Grillspieß kommt der Seeteufel *(tamboril)*, und zwar in Form von Filetbrocken, die von Zwiebeln, Speck und Paprika eingefasst werden. Die Qual der Wahl erleichtert Unentschlossenen ein gemischter Fischtopf *(caldeirada)*.

Ebenfalls ein Eintopf ist die *cataplana*, benannt nach dem gleichnamigen Kupfergefäß, in dem allerlei Meeresgetier, Zwiebeln, Paprika, Kartoffeln und Fleisch langsam und schonend gegart werden. Populäres Standardgericht in unzähligen Zubereitungsarten ist der Kabeljau *(bacalhau)*, ob *fresco* (frisch) oder *seco* als Stockfisch, ob gegrillt, gedünstet oder im Frittiermantel aus Eiern und Mehl. Er wird allerdings nicht fangfrisch, sondern tiefgekühlt aus ferneren Atlantikgegenden geliefert.

EINFACH UND SÄTTIGEND

Die Küche des Alentejo lässt sich als »einfach und sättigend« beschreiben, bestimmt von Zutaten wie Knoblauch und Koriander sowie weiteren Kräutern und Olivenöl. Die endlosen Weiten dienen der Schaf-, Schweine- und Rinderzucht. Das Brot vom Vortag wandert nicht in die Tonne, sondern in Suppen, oder wird zu *migas* verarbeitet, einem mit Gemüse und Kräutern angereicherten, gern angebratenen Brotbrei. Gut und schnörkellos den Magen zu füllen, darauf kommt es im Alentejo seit jeher an, auch im Winter, wenn Eintöpfe mit Wild oder Lammfleisch eine treffliche Antwort auf die Witterung geben.

Zu jeder Jahreszeit und Gelegenheit passt ein Rotwein, durchdrungen von Sonnenreife und den erdigen Aromen seiner Heimat. Da schmeckt man Beerenfrüchte, ein wenig Tabak und Schokolade sowie Kräuter und Wildblumen.

Cataplana heißt das Kupfergefäß, in dem der gleichnamige Eintopf aus Meeresfrüchten, Fleisch, Kartoffeln, Paprika und Zwiebeln serviert wird. Der Deckel wird erst am Tisch geöffnet.

Parque Natural do Vale do Guadiana
Mértola (rom. Myrtilis)
antiga mesquita muçulmana
Senhora do Amparo
Mina de São Domingos
Guizo Grande
El Rincón
Embalse del Chanza
Embalse del Andévalo
Achada da Mina
Pomarão
Mina de Santa Catalina
El Granado
Sierra del Granado
Distrito de Beja
Distrito de Faro
Puerto de la Laja
Alcoutim
Sanlúcar de Guadiana
Rivera de la Golondrina
Azud de Matacavas
Martim Longo
Cerro das Relíquias
Rio Vascão
Ribeira da Foupana
Ribeira de Odeleite
Barragem de Odeleite
Barragem de Beliche
Odeleite
Villablanca
Cumeada do Malhão
Anta das Pedras Altas
Cachopo
Serra de Alcaria do Cume
Alcaria do Cume
Castro Marim
Ayamonte
Parador
Isla Canela
Vila Real de Sto. António
Monte Gordo
Praia Verde
Praia d. Alagoas
Praia d. Monte Gordo
Praia d. Manta Rota
Praia d. Cabanas
Praia d. Cascas
Praia d. Ilha de Tavira
Praia d. Barril
Ilha de Tavira
Tavira
Castelo mouro
Cascata Moinhos da Rocha
Santa Luzia
Torre de Ares (bastante antiga)
Praia d. Fuseta
Fuseta
Ilha da Armona
Praia da Armona
Olhão
Serra de Monte Figo
Grutas de Moncarapacho
Moncarapacho
Estói (vila Romana)
Palácio de Estói
Milreu
São Brás de Alportel
Pousada
Faro
Aeroporto Faro
Parque Natural da Ria Formosa
Ilha da Culatra
Praia d. Culatra
Praia d. Hangares
Praia d. Farol
Ilha do Ancão
Ilha da Barreta (Ilha Deserta)
Cabo de Santa Maria
Ruta de Washington Irving
Sapal de Castro Marim
Maßstab 1:300.000
0
6km

GELUNGENER MIX

Traumhaft lange Strände, Burgen im Hinterland, der glitzernde Flusslauf des Guadiana, der Naturpark Ria Formosa. Dazu Shopping in Vila Real de Santo António und das stimmungsvolle Tavira. Insgesamt ein gelungener Mix!

1 Vila Real de Santo António

Das Städtchen (10 000 Einw.) an den Ufern des Guadiana wurde ab 1774 in der Rekordzeit von zwei Jahren aus der Taufe gehoben. Dahinter standen König José I. und sein Erster Minister Sebastião José de Carvalho e Melo, besser bekannt als Marquês de Pombal. Dieser hatte nach dem Erd- und Seebeben 1755 bereits für den Wiederaufbau der Lissabonner Unterstadt verantwortlich gezeichnet. Die Anlage des »königlichen Ortes« (Vila Real) erfolgte zum Teil mit vorfabrizierten Häusern; 1886 bekam er als erster Ort der Algarve Gasbeleuchtung.

SEHENSWERT
Hübsch aufgemacht ist die **Zona Ribeirinha,** die Flusspromenade mit Palmen, Blumen und Sitzbänken; auch der Hafen ist dort zu finden. Im schachbrettartig angelegten Zentrum laufen die belebten Straßen auf die **Praça Marquês de Pombal** mit dem Obelisken zu: Machtsymbol des Gründungsduos aus König und Minister. An den Platz stoßen die Rathausfront und die **Igreja Matriz de Nossa Senhora da Encarnação** (18. Jh.; mit Marienbildnis).

AKTIVITÄTEN
Der Fernwanderweg **Grande Rota do Guadiana**, ausgewiesen als GR-15, geht von hier aus 65 km nordwärts nach Alcoutim; die Route ist mittlerweile erweitert worden und führt Wanderer bis Mértola (www.baixoguadiana.com). Beliebt sind auch **Flusstouren** (Cruzeiros) auf dem Guadiana, bei denen sich das Hinterland der Algarve in moderatem Tempo entdecken lässt; sie dauern von ca. 10.00–17.00 Uhr, inklusive Lunch. Anbieter ist u.a. Riosul Travel (Tel. 281 51 02 00, http://riosultravel.com). Es geht stromaufwärts, meist bis Foz de Odeleite. Früher fuhren Schiffe den Grenzfluss hinauf, um Erze aus den Minen von São Domingos zu laden. An den Ufern wechseln sich dichte Vegetation und Grasflächen mit seichten Hügeln, Kiefern, Olivenbäumen, Sträuchern und einsamen Gehöften ab.

UNTERKUNFT
Eine gute Zwischenstation ist das **€ Hotel Apolo** (Avenida dos Bombeiros Portugueses, Tel. 281 51 07 00, www.apolo-hotel.com; mit Pool). Ansonsten empfehlen sich eher Unterkünfte in Strandnähe: und zwar in Monte Gordo (siehe dort).

Bootstour auf dem Rio Guadiana; Dünen bei Monte Gordo; Einkaufsbummel in Vila Real de Santo António

RESTAURANTS
Um die Praça Marquês de Pombal drängen sich die Lokale mit ihren Außenplätzen, etwa **€ O Cantinho do Marquês** und das **€ Puro Café.**

EINKAUFEN
Das symmetrische Straßengeflecht ist wie geschaffen für einen entspannten Einkaufsbummel, die Auswahl riesengroß: Kleidung, Handtücher, Schürzen, Pyjamas, Tischdecken, Handtaschen, Haushaltswaren – alles zu sehr attraktiven Preisen.

INFORMATION
www.cm-vrsa.pt

2 Monte Gordo

Fischerhütten waren jahrhundertelang das einzige Zeichen menschlicher Präsenz an den von Pinienhainen begrenzten Strandweiten, so verbürgen es lokale Quellen. 1923 setzte der Bau des Leuchtturms am nahen Auslauf des Guadiana ein markanteres Zeichen, in den 1960er-Jahren begann der Fremdenverkehr. Der Ort (1000 Einw.) wenige Kilometer südwestl. von Vila Real de Santo António ist keine Schönheit, die Infrastruktur indes in Ordnung. Ein Teil des Strandes wird unverändert von den Fischern genutzt, die dort – mangels Hafen – ihre Boote in den Sand hinaufziehen.

AKTIVITÄTEN
Schön für Spaziergänge oder Laufrunden geeignet sind die **Pinienwälder,** die gleich östlich und westlich von Monte Gordo beginnen.

UNTERKUNFT
Strandnah liegt der Hotelblock **€€ Vasco da Gama** (Avenida Infante D. Henrique, Tel. 281 51 09 00, www.vascodagamahotel.com). Etwas strandferner, dafür günstiger und teils auch mit Apartments ausstaffiert ist das **€ Hotel Alba** (Alameda da India, Tel. 281 53 05 00, www.hotelalba.pt). Ein ansprechendes Quartier im Ort, etwa 400 m vom Strand entfernt, ist das Vier-Sterne-Hotel **€€/€€€ The Prime Energize** (Rua de Ceuta 4, Tel. 281 00 13 00, www.theprimehotels.com).

UMGEBUNG
Südwestl., Richtung Tavira, lohnen Abstecher zu weiteren schönen Stränden, u. a. zur **Praia do Cabeço, Praia Verde, Praia de Alagoa, Praia da Lota** und der ausgedehnten **Praia da Manta Rota,** zu der lange Zugangsstege durch die Dünen führen. Westl. von Manta Rota beginnt der **Naturpark Ria Formosa** TOP-ZIEL (siehe »Ja natürlich«, S. 39).

INFORMATION
Posto de Turismo, Av. Infante D. Henrique (neben dem Casino de Monte Gordo), Tel. 281 54 44 95

3 Castro Marim

Der geschichtsträchtige, strategisch wichtige Ort (2000 Einw.) unweit der Grenze zu Spanien lag einst nah am Meer. 1242 aus maurischer Hand erobert, wurden die Verteidigungsanlagen ausgebaut. Im 14. Jh. hatte der Militärorden der Christusritter hier vorübergehend seinen Sitz. Im weiteren Lauf der Geschichte nahm die Bedeutung ab. Fischfang, Salinen, Schiffsbau und Landwirtschaft dienten als Einkommensquellen. Die Salinen haben bis heute Bedeutung, auch für die Vogelbeobachtung, u. a. von Flamingos.

Tipp

Dorfidylle

Ein Abzweig zwischen Monte Gordo und Tavira führt nach **Cacela Velha**, einem Minidorf mit harmonischem Gesamtbild. Die Häuser tragen kunstvolle Kamine, die Farbpalette der Tür- und Fensterumrahmungen reicht von Gelb bis Dunkel- und Hellblau. Der Ort ist für den Durchgangsverkehr gesperrt, das kleine Kastell aus dem 16./17. Jh. Militärsitz, der Friedhof mit simplen Einschubfächern und pompösen Familiengräbern typisch, das Kirchlein Nossa Senhora da Assunção bescheiden. Nahe der Kirche krönt der Ausblick über die Feuchtgebiete des Naturparks Ria Formosa den Dorfspaziergang. Zum Einkehren bietet sich die **€/€€ Casa Velha** an – geschmackvolles Tafeln in einer friedlichen Umgebung.

In und um Tavira: Hotel Vila Galé Albacora (oben); Igreja da Misericórdia (o. r.); Brunnen an der Praça da República (rechts)

SEHENSWERT
Oberhalb der kuppelgekrönten Hauptkirche (18./19. Jh.) zieht sich das im 13. Jh. auf Befehl von König Afonso III. erbaute **Castelo** (tgl. 9.30–13.00 und 15.00–18.30, Nov.–März nachm. 14.00–17.00 Uhr) über den Hügel; eine Burg in der Burg ist die ältere Anlage der Maurenherrscher. Die Bausubstanz des Kastells hat im Lauf der Jahrhunderte stark gelitten; der schöne Ausblick reicht bis zu den Salzgärten und der Guadiana-Brücke. Auf einem zweiten Ortshügel, von dem sich ebenfalls eine gute Aussicht bietet, liegt die Festung São Sebastião aus dem 17. Jh. (nicht zugänglich).

UMGEBUNG
Das kleine Naturschutzgebiet **Reserva Natural do Sapal** breitet sich in Richtung Rio Guadiana und Flussbrücke aus.

INFORMATION
Posto de Turismo da Ponte Internacional do Guadiana, Monte Francisco, Tel. 281 53 18 00, www.baixoguadiana.com

ALS INTERESSANTESTE KIRCHE IN TAVIRA UND SCHÖNSTER RENAISSANCEBAU DER ALGARVE GILT DIE IGREJA DA MISERICÓRDIA.

4 Alcoutim

Der Ort (2000 Einw.) liegt in einer dünn besiedelten Hügellandschaft, etwa 40 km nördl. der Küste. Bei der Anfahrt von Castro Marim passiert man Kiefernforste und den Stausee von Odeleite. Alcoutim war historischer Schiffshalt an den Ufern des Guadiana und nach der Rückeroberung der maurischen Territorien (13. Jh.) ein stark bewehrter Grenzposten.

SEHENSWERT
Das **Castelo** (Urspr. 14. Jh.; April–Sept. tgl. 9.00 bis 19.00, sonst bis 17.00 Uhr) im oberen Ortsteil hat seinen militärischen Schrecken längst verloren. Es empfängt mit gepflegtem Grün und einer schönen Aussicht auf den Fluss. Stilfremd inmitten der Anlage ist der Glas- und Betonblock des Archäologischen Museums. Das **historische Zentrum,** klein und idyllisch, fließt als weißes Häusermeer zu den Flussufern hinab. Die **Igreja Matriz** (16. Jh.) war eine der ersten Renaissancekirchen der Algarve, die **Praça da República** ist netter Treffpunkt. Die große Otter-Skulptur befindet sich am Flussufer.

AKTIVITÄTEN
Für Fernwanderer ist Alcoutim Startpunkt der ca. 300 km langen **Via Algarviana** (siehe S. 52). Limitezero (www.limitezero.com) betreibt eine 720 m lange **Seilrutsche** über den Guadiana; Start auf der spanischen Seite (im Winter geschl., Tel. 0034 670 31 39 33).

RESTAURANT
An der Praça da República speist man im **€/€€ Restaurante O Camané** (Tel. 964 10 85 85, Facebook-Seite) auf netten Terrassenplätzen.

INFORMATION
Rua 1° de Maio, Tel. 281 54 61 79, http://cm-alcoutim.pt

5 Tavira

Die meernahe Kleinstadt (13 000 Einw.) am Rio Gilão lockt mit interessanten Baudenkmälern. Unter den Mauren (8.–13. Jh.) galt **Tavira** TOP-ZIEL mit der Festung und dem Hafen als einer der maßgeblichen Stützpunkte an der Algarve. Später avancierte der Ort zur »Stadt der Kirchen«; das historische Erbe besteht aus über 20 religiösen Monumenten (Kirchen, Kapellen, Klöster). Im fruchtbaren Hinterland gibt es u. a. Orangenplantagen und Weinbau; im Naturpark Ria Formosa beginnen die Salzgärten am Stadtrand.

SEHENSWERT
Überall in der Innenstadt finden sich stille Gassen und Häuser mit kunstvollen Schornsteinen und Azulejos. Zur Einstimmung bietet sich ein **Promenadenspaziergang** am Rio Gilão an, den bei der **Praça da República** eine sehenswerte Brücke überspannt (für Fahrzeuge gesperrt). Als interessanteste Kirche in Tavira und schönster Renaissancebau der Algarve gilt die **Igreja da Misericórdia** (16. Jh.; im Sommer Mo.–Fr. 10.00–12.30 und 15.00–18.30, sonst 10.00 bis 12.30 und 14.00–17.30) in der unteren Altstadt. Das historische Marktgebäude am Fluss, der **Mercado da Ribeira,** geht auf das Jahr 1887 zurück. In der Nähe: der Pavillon, Palmen, Bänkchen. Der Bummel führt vom Fluss hinauf zum kleinen **Castelo** (tagsüber frei zugänglich). Die ursprünglich maurische Burg gelangte nach der Eroberung 1242 vorübergehend unter die Ägide der Jakobsritter. Ein Kleinod: der bepflanzte Innenhof. In Nachbarschaft zur Burg liegen die **Igreja de Santiago** (Wiederaufbau nach dem Erdbeben von 1755) und die **Igreja da Santa Maria do Castelo,** bei deren Bau man im 13./14. Jh. die Moschee als Fundament nutzte. Der alte **Wasserturm** beherbergt eine interessante Camera obscura (Calçada da Galeria 12; Mo.–Fr. 11.00–15.00 Uhr; www.cameraobscuratavira.com).

MUSEEN
Das mit dem Palácio da Galeria (18. Jh.) verknüpfte Stadtmuseum **Museu Municipal** liegt in der oberen Altstadt (Di.–Sa. 9.30–13.00, 14.00 bis 16.30; http://museumunicipaldetavira.cm-tavira.pt). Keramik und Exponate aus der Zeit der Mauren zeigt das Islamische Museum, **Nucleo Museológico Islâmico** (Praça da República; Di.–Sa. 9.30–13.00, 14.00–16.30 Uhr).

UNTERKUNFT
Auf einem Hügel über Tavira liegt das **€€ Hotel Maria Nova Lounge** (Rua António Pinheiro 17, Tel. 289 54 01 00, http://ap-hotelsresorts.com); mit Spa, Pool, Terrassenbar.

RESTAURANTS
Tapas genießt man im oft gelobten **€/€€ Restaurante D'gusta** (Rua João Vaz Corte Real 80, Tel. 281 32 60 89). Fürstlich tafelt man in der **€€€ Pousada Convento da Graça** (Rua Don Paio Peres Correia, Tel. 281 24 98 00, www.pousadas.pt).

UMGEBUNG
Südl. liegt die **Ilha Tavira** (öffentliche Bootszubringer vom Ende der Estrada das Quatro Águas, im Sommer auch von der alten Markthalle) mit über 10 km Strandzonen. Über Land (zu Fuß oder mit einem Mini-Zug) kommt man südwestl. des Ortes **Santa Luzia,** der für seine Oktopusfischer bekannt ist, auf die Ilha Tavira und zur **Praia do Barril** mit dem kuriosen Friedhof der Anker (Cemitério das Âncoras); Fischer legten hier viele Anker in den Dünensand.

INFORMATION
Praça da República 5, Tel. 281 32 25 11, http://cm-tavira.pt

AUF SOLARBOOTEN DURCH DEN NATURPARK

Das Labyrinth aus Wasserstraßen und all den Inseln, Sandbänken, Salzmarschen und Lagunen bildet eine Zauberwelt für sich – der Naturpark Ria Formosa ist mit einer Fläche von rund 170 Quadratkilometern eine der größten unter Schutz stehenden Lagunen Europas. Und dennoch: Komplett unberührt von dem, was wir Zivilisation nennen, ist das Schutzgebiet nicht. Fähren, Fischer- und Ausflugsboote wirbeln mit ihren röhrenden Motoren gelegentlich Stille und Stimmung auf. Das ist bei Trips mit »Solar Moves« anders. Die kleinen Boote werden ausnahmslos von Solarenergie angetrieben. Das ist nicht nur ausgesprochen umweltfreundlich, sondern auch angenehm leise. Um so mehr können Sie sich so richtig eins fühlen mit der Natur. Außergewöhnliche Momente des Erlebens sind garantiert!

Die Ria Formosa ist ein Labyrinth aus Wasserstraßen, Inseln, Sandbänken, Salzmarschen und Lagunen, in dem sich Naturfreunde gern verlieren werden.

Der Klassiker ist die Birdwatching- und Naturtour, die etwa zwei Stunden dauert. Das Tempo ist moderat. Unterwegs bringt der Skipper seine Ortskenntnis und seine Begeisterung für die Vielfalt eines Ökosystems rüber, das in Portugal einzigartig ist. Man kann sich bequem herumschippern lassen, den Fahrtwind, die Sonne und das Salz auf der Haut spüren ... Vor lauter Entspannung länger die Augen schließen sollte man aber nicht, sind doch die Vegetation und die vielfältige Vogelwelt im Naturpark etwas ganz Besonderes.

Solar Moves Tours
Zwei Stützpunkte: Cais de Tavira und Cais de Cabanas de Tavira; Tel. 924 36 91 72, http://solarmoves.pt

Die zweistündige **Birdwatching- und Naturtour** kostet 40 Euro pro Person. Inklusive ist ein Welcome Drink. Drei Stunden lang dauert die **Gastro-Tour**, die die Verkostung von lokalem Seafood und moussierendem Vinho Verde einschließt; 80 Euro pro Person.

Mittlere Algarve

*

TRADITION UND MODERNE

*

Bunte Palette im Mittelteil: Fischerflair auf der Insel Culatra, Highlife in Albufeira und Vilamoura, lange Strände, Salinen und Wasserstraßen im Naturpark Ria Formosa, Kulturziele wie die Römerruinen von Milreu, Sport von Golfen bis Radfahren. Selbst die Algarvehauptstadt Faro überrascht mit ihrem Potenzial.

Auf den ersten Blick wirkt Faro vielleicht wenig ansprechend. Umso überraschender ist das Herz der Stadt mit Arkaden und historischem Pflaster.

Schon im Mittelalter zog Olhão die Fischer an – heute lockt es die Urlauber. Abends mit romantischen Gassen und der geheimnisvoll erleuchteten Igreja Matriz de Nossa Senhora do Rosário …

In den beiden Markthallen von Olhão – und drum herum – herrscht an Werktagen reges Treiben. Samstags verdichtet sich der Andrang noch, ehe am Sonntag Ruhe einkehrt.

… bei Tag mit geschäftigem Treiben. Grundlage der lokalen Handelsaktivitäten sind der größte Hafen der Algarve und die Fisch verarbeitende Industrie.

Fischerort der einfacheren Art: das Dörfchen Fuseta, rund zehn Kilometer nordöstlich von Olhão. In der Saison legen auch hier Boote zu den Badeinseln ab.

Olhão verschwimmt im Rücken: die weißen Häuser, die Hafeneinfahrt, die Hallen mit dem pulsierenden Fischmarkt ... Steuermann Ricardo geht im Naturpark Ria Formosa auf Kurs Südwest. »Samuelito« und »Despertar« kommen uns entgegen, typische Fischerboote. »Und da ist eines der japanischen Boote!«, ruft Ricardo und deutet voraus. »Wir nennen die so, weil unsere Seeleute von Japanern für den Thunfischfang bezahlt werden.«

Die Muschelzüchter sind noch ihre eigenen Herren und brauchen nicht weit hinauszufahren. Mit Holzstöcken haben sie im Wasser ihre Besitzungen markiert

ES HERRSCHT BETRIEB IN DEN WASSERSTRASSEN. MUSCHELFARMER SIND IN BÖTCHEN MIT SCHUBKARREN UNTERWEGS.

und auf winzigen Inseln Sackbarrikaden errichtet, um zu verhindern, dass immer mehr Sand abgeschwemmt wird. *Viveiros* heißen die Muschelfarmen. Wie viele es davon gibt in der Gegend? »Wohl einige Hundert«, schätzt Bootsführer Ricardo.

Es herrscht Betrieb in den Wasserstraßen. Einige Muschelfarmer sind in Bötchen mit aufgeladenen Schubkarren unterwegs, später schiebt sich ein Makrelenboot heran. »Die sind leicht zu erkennen«, erklärt Fachmann Ricardo. »Der Bug sitzt so tief unten, weil da die Ladung gelagert ist.«

KEINE STRASSEN, KEINE AMPELN

Wie ein Streichholz in der Ferne, wie ein einsamer Wächter ragt in den gleißenden See- und Kanalweiten der Leuchtturm von Culatra auf. Im Inselort Farol drängen die Häuser dicht an die Wasserlinie, die Bebauung ist flach. Zeit für den Landgang in eine gänzlich andere Welt. Keine Straßen, keine Ampeln, kein Verkehr. Einzig ein Traktordröhnen dringt

Die Praia dos Pescadores, Albufeiras »Fischerstrand«, heißt bloß noch so: Fischer dürfen hier ihre Boote nicht mehr an Land ziehen. Das eröffnet umso mehr Raum für Liegeflächen und ungestörte Badefreuden.

Tummelplatz der Reichen und Schönen, aber auch offen für Normalsterbliche: die Marina de Vilamoura, ein Ferienzentrum mit vier Golfplätzen, Nachtclubs und Spielcasino. Es entstand in den 1970er-Jahren rund um Portugals größten Jachthafen.

Am Largo Engenheiro Duarte Pacheco schlägt Albufeiras Herz. Der Platz ist nach dem Ingenieur benannt, der in den 1930er-Jahren als Bauminister der Salazar-Regierung unter anderem für den Felstunnel zu Albufeiras Stadtstrand verantwortlich zeichnete.

»AUF DER ANDEREN SEITE DES WASSERS SITZEN SIE MIT 100 STUNDENKILOMETERN IM AUTO.«

Leuchtturmwärter Asaldino auf Culatra

von irgendwo herüber. Gehplattenwege verlaufen zwischen den kleinen Villen, erbaut aus Stein oder Holz. Den Häuschen sitzen kunstvolle Kamine auf, manche Vorgärten bestehen aus nichts als Sand, dann wieder bringen Bougainvilleen Farbe ins Spiel.

Es ist ein offenes Geheimnis, dass viele Anwesen im Sommer unter der Hand als Feriendomizile vermietet werden. Über Winter hingegen steht die Nachfrage bei Null, dann bleiben nur wenige Menschen im stillen Inselort. So wie Lurdes, eine freundliche, aufgeschlossene Dame um die achtzig. »Einer meiner Neffen ist Leuchtturmwärter«, erzählt sie nicht ohne Stolz.

KEIN INSELKOLLER IM TURM

Der Leuchtturm von Farol ist das bedeutendste Bauwerk weit und breit, errichtet Mitte des 19. Jahrhunderts und nach der Gottesmutter Maria benannt, 1921 auf fünfzig Meter aufgestockt. Sein Licht strahlt 50 Kilometer weit hinaus, vier Wärter teilen sich in Rund-um-die-Uhr-Schichten ein. Jeder hat seinen eigenen Wohnbereich samt Küche.

Asaldino heißt einer der Wärter, Mitte vierzig. Frau und Kinder sind auf dem Festland ansässig. Wie ist das mit dem Inselkoller? Ist das Leben auf Culatra nicht viel zu einsam? »Nein«, sagt er und strahlt aus vollster Überzeugung. »Ich habe Internet, die Familie kann jederzeit kommen und hier wohnen. Und auf der anderen Seite des Wassers sitzen sie mit 100 Stundenkilometern im Auto.« Asaldino hingegen muss nur im Schneckentempo 220 Stufen erklimmen, und die Welt liegt ihm zu Füßen. Unter anderem die Praia Grande, der »Große Strand«, der in Sichtweite des Leuchtturms beginnt – fürwahr ein Gigant, in dessen Weiten man sich verlieren kann.

ALTE FISCHERGEMEINDE

Der Ort Culatra gibt ein zweites Beispiel für das Inselleben vor Olhão ab. So nah und doch so fern vom Festland, wie aus der Zeit gefallen. Ende des 19. Jahrhunderts begannen kleine Fischergruppen hierherzukommen, versuchten zunächst saisonal ihr Glück beim Sardinenfang, ließen sich in bescheidensten Verhältnissen nieder. Die Fischergemeinde hat sich erhalten, der pittoreske Hafen ist mit Booten gefüllt. Männer flicken ihre Netze wie zu alter Zeit, andere haben sich zum Plausch auf eine Mauer gesetzt. Das Sozialgefüge mit Gemeinschaftssinn und gegenseitiger Hilfe funktioniert. Der Ortsspaziergang führt an einem Cafétreff der Einheimischen vorbei und an geduckten Häusern – mal mit einem Einkaufswagen aus dem Supermarkt vor der Tür.

Das hübsche Städtchen Loulé lohnt einen Abstecher ins Hinterland.

Seit dem 16. Jahrhundert wird bei der »Festa Grande da Mãe Soberana« im April Loulés Schutzheilige in einer großen Prozession zur Wallfahrtskapelle außerhalb der Stadt getragen.

Sehens- und erlebenswert: die 1908 eingeweihte neomaurische Markthalle am Largo Gago Coutinho. Markt gehalten wurde in Loulé lange vor Eröffnung der Halle – schon seit 1291.

Auch Alte liegt im Hinterland. Außerhalb der Saison verläuft der Alltag in dem »Vorzeigedorf« beschaulich.

Igreja de São Lourenço

Special

Sturzflut der Dekors

Auf dem Weg von Faro nach Albufeira steht bei Almancil das Kirchlein São Lourenço unweit der Straße. Die Innenausstattung setzt einen kunsthistorischen Glanzpunkt.

So bescheiden und unscheinbar das überkuppelte kleine Gotteshaus von außen wirkt, so sehr beeindruckt es im Innern. Mutmaßlich als schlichte Kapelle im Mittelalter entstanden, erhielt es zur Barockzeit im 18. Jahrhundert die heutige Pracht. Grafen aus Nordportugal sollen es gewesen sein, die als Jagdgäste in der Gegend weilten und die Ausschmückung des Kirchleins mit Kacheln und Fliesen veranlassten – so hat es die Legende kolportiert. Wer auch immer die tatsächlichen Urheber waren, das Resultat ist in jedem Fall überwältigend.

Im einschiffigen, fast fensterlosen Raum sehen Betrachter eine Flut aus Azulejos auf sich einstürzen, die sich in Kuppel und Bögen fortsetzen. Thematisch herrschen Szenen aus dem

Blau-weiß-goldener Glanzpunkt in Almancil

Leben des heiligen Laurentius vor, angereichert mit Blütenmotiven, Granatäpfeln, Trauben, pummeligen Engelsfiguren. Unterbrochen wird der blau-weiße Kachelüberzug von golden glänzenden Zwischenabschlüssen.

Die überbordende Zier setzt sich im Altaraufsatz mit seinen gewundenen goldenen Säulen fort. Vereinzelt fehlen kleine Ecken und Zacken in den Azulejos, doch das tut dem Gesamteindruck keinen Abbruch.

Eine befremdliche »Dauerleihgabe«, als Transportmittel jedoch äußerst praktisch, wenn es an Autos und Straßen fehlt. Über einem Hauseingang wacht ein Fliesenbildnis der heiligen Jungfrau von Fátima, vereinzelt stehen Blumentöpfe aus Keramik im Sand. Im Ort gibt es ein Gesundheitszentrum, ein Basket- und Fußballfeld, die Schule. Und einen langen Zugangssteg zum Strand.

KRACHER UND STILLE

Albufeira – größer könnte der Kontrast zum Inselleben auf Culatra kaum sein. Allein deshalb, weil der »Fischerstrand«, die Praia dos Pescadores, längst frei von Fischern und ihren Booten ist. Die Kähne dürfen von Amts wegen nicht mehr auf den Strand hochgezogen werden, und um das Hafenbecken im Westteil der Stadt macht sich Parkraum breit. Vom ureigenen Algarveflair ist im zugebauten Herzen von Albufeira wenig geblieben. Dafür ist eines gewiss: Wer Rummel will, bekommt ihn hier. Livemusik, ein Laden am andern, Fish 'n' chips und »Die besten Rippchen in der Stadt«, falls dem offensiven Werbeslogan zu glauben ist.

In Vilamoura herrscht ebenso wenig Mangel an Kulinaria, Cocktails, prallem Leben. Die Marina ist ein echter Kracher und mit einer Tausendschaft an Liegeplätzen ein Gigant unter den südländi-

Die römischen Ruinen von Milreu (ganz rechts), der Palast von Estoi (unten) und São Brás de Alportel (rechts) mit seinem Heimatmuseum sind kleine Kulturziele abseits der Küste. Estois Hauptkirche Igreja de São Martinho (unten rechts) wirkt fast ein wenig überdimensioniert für den nicht einmal 1000 Einwohner zählenden Ort. Für große Festgesellschaften ist es gerade recht so.

schen Freizeithäfen. Um die Becken legt sich eine schier unerschöpfliche Auswahl an Restaurants, Bistros und Boutiquen. Im Sommer werden Bootsausfahrten und Entertainment geboten.

Doch plötzlich ist es wieder still, und das Rauschen des Meeres gewinnt akustisch die Oberhand. Das ist das Schöne an der Algarve, die jedweden Geschmack bedient. Nordwestlich von Vilamoura zieht sich das Band der Praia da Falésia kilometerlang an rostbraunen Felsen entlang, ein Stück ostwärts beginnt hinter Quarteira die Praia do Forte Novo.

TERRAIN FÜR SPORTLER

Meer und mehr – Sportlern sind keine Grenzen gesetzt. Über allen erdenklichen Wassersport hinaus gibt es zum Beispiel den »Golfstrom«. Die Plätze profitieren vom ganzjährig beständigen Klima. Mit Blick auf die See und im Duft von Kiefern finden Anfänger und Fortgeschrittene den richtigen Abschlag. Radler und Wanderer gehen südöstlich von Quinta do Lago schöne Flachlandwege durch einen Teil des Naturparks Ria Formosa an. Blendend weiß leuchten Salzberge in der Sonne, die Becken dienen Flamingos und anderen Wasservögeln als Refugium. Größere, metallene Vögel donnern auf dem nahen Flughafen von Faro ein – der Preis der Zivilisation. Abschreckend? Vielleicht beim ersten Hinhören, aber kein Hinderungsgrund für einen Abstecher auf die lang gestreckte, schmale Insel Faro. Wer als Radler das Verkehrsnadelöhr des Brückendamms passiert und links dahinter das Sträßchen einschlägt, wird sehen: Je weiter weg, umso authentischer wird es! Nach wenigen Minuten endet der Asphalt, auf dem Rad schließt sich mit Sicht auf Faro ein ratternder Holzplankenweg an, gesäumt von Fischerhütten. Pause? Dann einfach das Bike abstellen und zu Fuß an den Inselstrand.

RABENSCHWARZER ANSTRICH

Genug von der Natur? Hin zu kleinen Kulturzielen! Das historische Herrenhaus

Für die meisten Touristen ist Faro das Tor zur Algarve – und doch kennen nur relativ wenige die Stadt. Dabei ist das historische Zentrum einen Besuch wert: Einkaufsstraßen wie die Rua de Santo António, die Kathedrale (oben links und Mitte rechts) sowie die Knochenkapelle (Mitte links).

Beim Blick über den Jachthafen macht man im Hintergrund links der Bildmitte die Kathedrale von Faro aus und noch ein Stück weiter links den Arco da Vila.

Die beste Übersicht über Faro hat man vom Turm der Sé. Die ursprünglich gotische Kathedrale wurde beim Erdbeben von 1755 schwer zerstört. Lediglich der Turm und ein Fenster an der Südseite blieben erhalten. Der Rest wurde in unterschiedlichen Stilrichtungen neu aufgebaut.

NATUR IN DIE STADT FARO BRINGEN ORANGENBÄUME UND KLAPPERNDE WEISSSTÖRCHE.

eines Korkfabrikanten beherbergt das Heimatmuseum von São Brás de Alportel, der Adelspalast von Estoi verströmt sein Flair für Gäste des Pousada-Hotelsh, am Rand von Almancil öffnet sich die Igreja de São Lourenço als Barockjuwel der Fliesenschmuckkunst (vgl. »Special«, S. 47).

Das Ausgrabungsareal von Milreu belegt derweil, dass die Römer von diesem ruralen Zentrum aus vom 1. bis 4. Jahrhundert n. Chr. die Landwirtschaft der Gegend kontrollierten. Das Gelände ist übersichtlich, durchsetzt von Säulenfragmenten, Tempel- und Thermenresten, Mosaiken. So weit, so geläufig bei den alten Römern. Ungewöhnlich hingegen sind die bunten Fischmosaike – schon sie allein rechtfertigen den Besuch der *ruínas romanas!*

Zufahrtsstraßen und Außenbezirke von Faro sind unschön, aber um den Hafen herum empfängt die weit ausgedehnte Hauptstadt der Algarve ihre Besucher freundlich. Den rabenschwärzesten Anstrich bekommt Faro in der mit Menschenknochen dekorierten Capela dos Ossos. Die Stadtmauern ummanteln das wichtigste Kulturgut in Form der Kathedrale und dem einstigen Kloster Nossa Senhora da Assunção.

Natur in die Stadt bringen Orangenbäume und Weißstörche, deren Schnäbelklappern gelegentlich durch Faros Gassen hallt.

Via Algarviana

DER TRAIL BIS ZUM KAP

Die Algarve hält als Wanderparadies in Form. Wer Ruhe und Einsamkeit sucht und der Küste den Rücken kehrt, stößt im Hinterland auf den Fernwanderweg Via Algarviana. 300 Kilometer sind es von Alcoutim bis zum wilden Kap São Vicente.

Lust auf Walking an kilometerlangen Sandbändern der Ost- und Mittelalgarve? Oder auf einen Marsch durch Marschen und Salzgärten des Naturschutzgebiets Ria Formosa? Wer dort am See von Quinta do Lago beginnt und sich Richtung Faro hält, hat beste Aussichten auf die Vogelwelt. Reiher, Purpurhühner, sogar Flamingos kann man beobachten. Verblüffend anders zeigt sich die Algarve jedoch tiefer im Inland, wo der markierte Fernwanderweg Via Algarviana, der sich übrigens auch mit dem Mountainbike bewältigen lässt (samt Absteig- und Schiebepassagen), gut 300 Kilometer weit verläuft: von Alcoutim bis zum Cabo de São Vicente.

FÜLLHORN DER NATUR

Auf der Via Algarviana, dem Fernwanderweg GR 13, ist der Atlantik nah und weit weg zugleich. Nur an wenigen Stellen – so auf der Fóia, dem Bergthron der Algarve in der Serra de Monchique – gerät der Ozean richtig in Sicht. Die gesamte Strecke erfordert ungefähr 14 Tagesetappen und eine gute Kondition. Der Kraftaufwand für das gebirgige Hinterland, die Serra, sollte nicht auf die leichte Schulter genommen werden, zumal auf dieser bereits der Rucksack lastet.

Für die Strapazen entschädigt das Füllhorn der Natur, vor allem im Frühjahr, der idealen Wanderzeit. Dann grünt und blüht es im Überfluss, dann riecht es intensiv nach Lavendel, Thymian oder Rosmarin. Als Jahreszeit kommt auch der Winter in Betracht – schön in der Sonne wandern, während es in Mitteleuropa friert. Die Gegenden sind meist dünn besiedelt. Hier begegnet man noch Schafzüchtern, Dörflern und Bauern, die ihre Feldparzellen nach alter Vorfahren Sitte bewirtschaften. Viehweiden und Gehöfte säumen den Weg, Korkeichen, Olivenhaine, wilde Orchideen und Zistrosen. »Ein Paradies für Naturfreunde mit einem Auge für seltene Vogel- und Pflanzenarten und Sinn für wirkliche Ruhe und Einsamkeit«, so wird der Fernwanderweg vermarktet.

Und wem die Via Algarviana nicht reicht – am Kap São Vicente muss nicht Schluss sein. Dort schließt sich mit der Rota Vicentina eine gleichfalls interessante Strecke an, die sich als küstennaher »Fischer-Trail« (über 220 km) oder mehr im Hinterland verlaufender »Historischer Weg« (knapp 220 km) nordwärts in zwei Varianten splittet. Der Endpunkt des Fischer-Trails liegt in São Torpes, der des »Historischen Wegs« in Santiago do Cacém.

Der Natur ganz nah ist man etwa in den Salzgärten der Ria Formosa (oben) oder bei den wilden Blumen im Hinterland.

Vor allem im Frühjahr eine wunderbare Alternative zum Wassersport: Wandern an der Algarve

Am Stück oder in Etappen

Auch Teiletappen sind reizvoll – von Ost nach West: Alcoutim–Balurcos (24 km), Balurcos–Furnazinhas (14 km), Furnazinhas–Vaqueiros (23 km), Vaqueiros–Cachopo (15 km), Cachopo–Barranco do Velho (29 km), Barranco do Velho–Salir (14 km), Salir–Alte (16 km), Alte–São Bartolomeu de Messines (21 km), São Bartolomeu de Messines–Silves (29 km), Silves–Monchique (32 km), Monchique–Marmelete (15 km), Marmelete–Bensafrim (30 km), Bensafrim–Vila do Bispo (30 km), Vila do Bispo–Cabo de São Vicente (16 km).

Kostenlos abrufbar auf der nachfolgenden Website sind die Via Algarviana-App und ein deutschsprachiger Reiseführer mit Detailkarten und Etappenbeschreibungen: **http://viaalgarviana.org**

Zusatztipps zur Via Algarviana und Infos zur Anschlussroute Rota Vicentina: **www.via-algarviana.com, http://rotavicentina.com**

Ourique
Castro Verde
Almodôvar
Santana da Serra
Barragem de Santa Clara
Serra do Caldeirão
Distrito de Beja
Distrito de Faro
Miradouro do Caldeirão
São Bartolomeu de Messines
S.B. Messines
Salir
Alte
Paderne
Albufeira
Guia
Algoz
Armação de Pêra
Porches
Alcantarilha
Ruta de Washington Irving
Loulé
Almancil
Quarteira
Vilamoura
Cerro da Vila (Vila Romana)
São Brás de Alportel
Estói
Milreu (Vila Romana)
Moncarapacho
Olhão
FARO
Aeroporto Faro
Parque Natural da Ria Formosa
Ilha do Ancão
Ilha da Barreta (Ilha Deserta)
Cabo de Santa Maria
Ilha da Culatra
Praia d. Faro
Praia d. Ancão
Praia d. Vale do Lobo
Praia d. Trafal
Praia d. Quarteira
Praia d. Falésia
Praia d. São Rafael
Praia d. Galé
Ponta do Castelo
Serra de Monte Figo
1
2
3
4
5
6
Maßstab 1:300.000
0
6km

SPANNENDE KONTRASTE

Eben noch im Boot zu den Inseln im Naturpark Ria Formosa unterwegs, geht es in und um Faro, Loulé, Olhão und São Brás de Alportel in Kirchen und Museen. Bei Albufeira hingegen locken Urlaubsfreuden an langen Sandstränden.

1 Olhão

Bereits im Mittelalter zog Olhão die Fischer an, die im 14. Jh. in einfachen Hütten lebten. Das erste größere Bauwerk war im 17. Jh. eine Festung zum Schutz gegen Seeräuber. Heute ist das Fischfabrik- und Hafenstädtchen Mittelpunkt einer 45 000-Einw.-Gemeinde. Steter Geruchsbegleiter bleibt der Fisch.

SEHENSWERT
Die historischen **Markthallen** setzen mit ihrer Fischabteilung Maßstäbe (siehe S. 115). Hinter dem Markt verläuft eine **Promenade.** Aus der beschaulichen City erhebt sich die barocke **Igreja Matriz de Nossa Senhora do Rosário** (17./18. Jh.), der außen an der Rückfront die **Capela do Senhor dos Aflitos** (Christuskapelle mit Votivgaben) angegliedert ist.

Markthalle in Olhão (oben); Naturpark Ria Formosa (rechts)

AKTIVITÄTEN
Ein geführter Rundgang, wie ihn Algarve Nature Tours anbietet, leitet einen auf die Spuren von Legenden, Architektur und lokalem Food. Die Teilnehmerzahl liegt bei maximal zwölf Personen. Einstellen muss man sich auf eine Dauer von vier Stunden und einen Preis um 90 Euro pro Person; die Tasting-Stopps und drei Getränke sind inklusive. Weitere Infos unter http://algarvenaturetours.com und Tel. 289 710120.

VERANSTALTUNG
Beim Festival do Marisco (um den 10./15. Aug., www.festivaldomarisco.com) gibt es außer Meeresfrüchten viel Musik.

UNTERKUNFT
Das komfortable, weiträumig gehaltene **€€/€€€ Real Marina Hotel & Spa** (Av. 5 de Outobro, Tel. 289 09 13 00, www.realmarina.realhotelsgroup.com) trennt nur die Durchgangsstraße von der Promenade.

RESTAURANTS
An den beiden Markthallen liegt das beliebte **€ Café do Mercado;** in der Nähe haben sich viele Fischrestaurants niedergelassen, so z. B. das **€€ O Bote** (Av. 5 de Outobro 122, Tel. 289 14 21 02). Ebenfalls eine gute Adresse für Seafood in Olhão ist das Restaurant **€€/€€€ Maré Shrimp & Stuff** (Rua José Barbosa, Tel. 912 57 81 99).

UMGEBUNG
Mit regelmäßigen Bootszubringern, Bootstouren (Passeios Ria Formosa, Tel. 962 15 69 22, www.passeios-ria-formosa.com) oder Wassertaxis gelangt man nach **Armona** (im Sommer auch ab dem östl. gelegenen Fuseta), **Culatra** und **Farol,** im Sommer auch zur einsamen **Ilha Deserta,** gegenüber dem Leuchtturmort Farol. Ein interessanter Lehrpfad (ca. 3 km) durch den **Naturpark Ria Formosa** TOPZIEL beginnt östlich der Stadtgrenze von Olhão nahe dem Umweltbildungszentrum (Centro de Educação Ambiental) Quinta Marim und führt zum Teil an Feuchtgebieten entlang – toll fürs Birdwatching. Ca. 10 km nordwestl. liegen nahe dem Ort **Estoi** die römischen Ruinen von **Milreu** (Mai bis Sept. Di.–So. 10.00–18.00, sonst Di.–So. 9.00 bis 17.00 Uhr).

INFORMATION
Largo Sebastião Martins Mestre 6 A,
Tel. 289 71 39 36, www.visitolhao.pt

2 Faro

Mit konturlosen Vororten und einigem Fluglärm empfängt Faro (50 000, Großraum 65 000 Einw.) seine Gäste nicht sehr freundlich; umso mehr

Tipp

Palast und Hotel zugleich

Estoi ist ein freundliches Hinterlanddorf mit Palast (Urspr. 18. Jh., 1893–1909 neu erbaut). Der bewahrt, was dem Adel einst teuer war: Salons und Terrassen, Gärten mit Wasserspielen, Ruhebänken, Azulejos. Stilistisch mischen sich Neoklassik, Neo-Rokoko und Art nouveau. Heute gehört das Anwesen zur Hotelkette der Pousadas. Die Erweiterung durch moderne Blocks dürfte nicht jedermanns Geschmack treffen, das Flair im Hauptbau dafür umso mehr. Guter »Vorwand« für einen Besuch von Nicht-Hotelgästen die Einkehr im Restaurant.

€€/€€€ Pousada Palácio de Estoi,
Rua São José, Tel. 210 40 76 20,
www.pousadas.pt

überraschen Altstadt und Hafenbereich. Die Stadtgeschichte begann mutmaßlich mit den Römern, 1249 wurde Faro den Mauren entrissen, seit 1577 ist es Bischofssitz und heute zudem Zentrum von Wirtschaft und Bildung (Universität). Die Studenten sind Garanten für ein munteres Nachtleben, vor allem in der sogenannten »Rua do Crime« (Rua do Prior).

SEHENSWERT
Der Bogen **Arco da Vila,** im 19. Jh. über einem mittelalterlichen Mauerportal errichtet, gibt den Weg in die Altstadt frei. Dort findet man die klobige **Sé** (Kathedrale; Mo.–Fr. 10.00 bis 17.30/18.00, Sa 9.30–13.00 Uhr; http://turismo.diocese-algarve.pt) mit Glockenturm, Kachelschmuck und Orgel sowie das **Museu Municipal** (Stadtmuseum; Di.–Fr. 10.00–18.00, Sa./So. 10.30–17.00 Uhr; letzter Einlass 30 Min. vorher), das sich um den Kreuzgang des einstigen Klosters Nossa Senhora da Assunção (16. Jh.) legt. Die besterhaltenen Teile der **Stadtmauer** wenden sich zum Largo de São Francisco. Außerhalb der Altstadtmauern liegt die **Igreja do Carmo** (18. Jh., Largo do Carmo; Mo.–Fr. 10.00–13.00 und 15.00–17.30, Sa. 10.00–13.00 Uhr) mit der makaber anmutenden Knochenkapelle, der **Capela dos Ossos.**

AKTIVITÄTEN
Bootsausflüge in den Naturpark **Ria Formosa** veranstaltet Formosamar (Doca de Recreio de Faro, Tel. 918 72 00 02, http://formosamar.com). Da kann man Delfine und Vögel beobachten oder Trips zu Inseln wie Deserta und Culatra/Farol unternehmen. Zudem gibt es eine geführte Seekajaktour von etwa zwei Stunden.

UNTERKUNFT
Ein unansehnlicher Block, dafür in zentraler Lage beim Hafen und mit Dachpool: das **€€ / €€€ Hotel Eva Senses** (Av.da República 1, Tel. 289 54 01 00, http://ap-hotelsresorts.com).

RESTAURANTS
Bei der Kathedrale liegt das **€€ Cidade Velha** (Rua Domingos Guieiro 19, Tel. 289 82 71 45, http://restaurantecidadevelhafaro.negocio.site; So. geschl.) mit hübschen Außenplätzen. Gute Reis- und Fischgerichte gibt's! im **€€ Taberna Zé-Zé** (Travessa do Alportel, Tel. 289 82 50 56, http://tabernaze-ze.makro.rest; So. geschl.).

UMGEBUNG
Bootstouren in den Naturpark Ria Formosa starten in Faro (siehe oben). Auf dem Landweg geht es südwestwärts zur **Ilha de Faro** mit der **Praia de Faro.** 12 km nordwestl. liegt die **Igreja de São Lourenço** TOPZIEL mit prächtigen Azulejos (siehe »Special«, S. 47).

Praia de Faro bei Tag und am Abend (oben); Weinprobe in der Kellerei Adega do Cantor (Quinta do Miradouro) bei Albufeira (rechts)

INFORMATION
Rua da Misericórdia 11, Tel. 289 80 36 04, www.cm-faro.pt

3 São Brás de Alportel

Dem Landstädtchen (12 000 Einw.) bescherte die Korkindustrie im 19./20. Jh. bescheidenen Wohlstand; wenige Fabriken haben überdauert.

SEHENSWERT
Korkmagnat Miguel Dias de Andrade ließ sich im 19. Jh. eine stattliche Villa errichten, heute Sitz des volkskundlichen **Museu do Traje** (siehe S. 108) mit historischen Trachten und Kutschen. In den einstigen Stallungen gibt es eine Dauerausstellung zum Thema Kork.
Die **Ortsmitte** präsentiert sich mit Kopfsteinpflaster, Kachelfassaden und Igreja Matriz (Urspr. 15., Wiederaufbau 18. Jh.) bescheiden.

UMGEBUNG
Das ländliche Gepräge setzt sich nordwestl. in den Dörfern **Alte** (mit kleinem Quellgebiet, , Durchgangsstation des Fernwanderwegs Via Algarviana), **Benafim** und **Salir** fort.

INFORMATION
Largo de São Sebastião 23, Tel. 289 84 31 65, www.cm-sbras.pt

4 Loulé

Als Zentrum eines großen Gemeindebezirks trägt Loulé (20 000 Einw.) mit der 1908 eröffneten Markthalle städtischen Charakter.

SEHENSWERT
Vom mittelalterlichen **Castelo** ist nur ein kleines Mauerstück samt Turm erhalten. Das angegliederte **Museu Municipal** (Di.–Sa. 10.00 bis 13.30 und 14.30–18.00 Uhr; www.museudeloule.pt) bietet Einblick in eine traditionelle Küche und ein unspektakuläres Archäologiemuseum. Nahe dem Kastell lohnt ein Besuch der **Ermida Nossa Senhora da Conceição** (gewöhnlich So./Mo. geschl.); das Kirchlein besticht im Innern durch Azulejo-Pracht. Die historischen maurischen Bäder und das Palais Barreto (Banhos Islâmicos e Casa Senhorial dos Barreto) öffnen wie folgt: Di.–So. 10.00 bis 12.30 und 13.30–18.00 Uhr; Sa. im Juli/Aug. 13.30–23.00 Uhr. Der Eintritt ist frei. Auf einem Hügel außerhalb liegt das moderne, futuristisch wirkende **Santuário de Nossa Senhora da Piedade** (Mãe Soberana).

EINKAUFEN
Samstags zusätzlich bäuerlicher Markt um die **Markthalle** (siehe S. 114). Es gibt auch einige **Keramikshops** in der Innenstadt.

INFORMATION
Avenida 25 de Abril 9, Tel. 289 46 39 00, www.cm-loule.pt

5 Vilamoura

In der Marina von Vilamoura (3000 Einw.) trifft sich rund um die Hafenbecken die Freizeit-, Shopping- und Ausgehszene. Lokale jedweder Preisklasse reihen sich aneinander.

AKTIVITÄTEN
Diverse Veranstalter rund um die Marina bieten **Bootsausfahrten** an, von Sportfischen bis Sunset Cruise.

UNTERKUNFT
Für Ausgehfreudige hat der Hotelblock **€€€ Crowne Plaza** (Rua do Oceano Atlântico, Tel. 289 38 16 00, www.ihg.com/crowneplaza/) den Vorteil, nah am Geschehen der Marina zu sein. Etwas außerhalb und recht weit weg von der Küste liegt das moderne **€€€ Anantara Vilamoura Algarve Resort** (Avenida dos Descobrimentos, Tel. 289 31 70 00, www.anantara.com); fünf Sterne mit „Adults only«-Konzept, Pools, Spa, exquisite Küche.

»OH MEINE ALGARVE, BEEINDRUCKEND UND SANFT, LIEBLICH HINGESTRECKT IN DER SONNE SCHLUMMERND, VOLLER UNERFÜLLBARER, HERRLICHER TRÄUME …«

João Lúcio (1880–1918), in Olhão geborener Heimatdichter der Algarve

UMGEBUNG
Nordwestl. beginnt die **Praia da Falésia,** östl. verschmilzt Vilamoura mit dem zugebauten Fischerort **Quarteira.** Authentisch ist aber der dortige Fischmarkt, ansehnlich die Promenade; bei Quarteira beginnt die schöne **Praia do Forte Novo. Quinta do Lago,** südöstl. von Quarteira, gilt als »Portugals Beverly Hills«; hierfür sorgen u. a. Golfplätze und das Nobelhotel **€€€ Conrad Algarve** (Tel. 289 35 07 00, www.hilton.com). Am See von Quinta do Lago liegt ein Wassersportzentrum. Bei Quinta do Lago beginnen Wander- und Radwege durch den Naturpark **Ria Formosa.**

6 Albufeira

Der Name der Stadt und Großgemeinde (25 000 Einw.) verweist auf die Mauren, die im Mittelalter den Handel zur Blüte brachten. Beim Erdbeben 1755 wurde Albufeira größtenteils zerstört, ab den 1960er-Jahren setzte der Tourismus ein, samt Bau von Retortensiedlungen. Das Urlaubsgeschehen dehnt sich über mehr als 15 km Küste aus. Im Westteil liegen schöne Buchten und Strände wie die **Praia São Rafael**, die **Praia do Galé** und die **Praia do Castelo**; das Ostende steckt die **Praia da Falésia** ab. Ausgehzone ist der »Albufeira-Strip« (Avenida Dr. Francisco Sá Carneiro).

SEHENSWERT
Im Stadtkern um den **Largo Engenheiro Duarte Pacheco** und die **Rua 5 de Outobro** vibriert das Geschäftsleben. Am Ende der Rua 5 de Outobro führt ein Fußgängertunnel zur **Praia dos Pescadores.** In der Oberstadt liegen die **Igreja Matriz** (18. Jh.) und die **Ermida de São Sebastião** (18. Jh.).

AKTIVITÄTEN
Ab der Marina führen **Ausfahrten** von Algarve Charters (Tel. 289 31 48 67, http://algarvecharters.com) an der Küste entlang – das ermöglicht besondere Blicke auf Grotten und andere Felsgebilde. In der Gemeinde Guia wächst hervorragender Wein; geführte Besuche in der Adega do Cantor/Quinta do Miradouro (Tel. 289 57 26 66, www.winesvidanova.com).

UNTERKUNFT
Im Osten liegt das **€€€ Pine Cliffs Resort** (www.pinecliffs.com) mit weiten Wiesenanlagen traumhaft über den Klippen. Über Treppen oder einen Aufzug geht's an den Strand. Ebenfalls im Ostteil liegt das luxuriöse **€€€ Epic Sana** (www.sanahotels.com) im 8 ha großen Pinienwald über der Praia de Falésia (beide siehe S. 75).

RESTAURANT
Ein Gastro-Highlight ist das **€€ Platinum – Wine & Tapas** (Rua Alexandre Herculano, Tel. 919 60 57 07, Facebook-Seite).

INFORMATION
Rua 5 de Outobro, Tel. 289 58 52 79, www.cm-albufeira.pt

BIRDWATCHER, AUFGEPASST!

Vogelkenner João Ministro lässt keinen Zweifel: »Für Birdwatcher ist die Algarve ein Paradies in Europa. Du kannst am Morgen in den Bergen sein und am Nachmittag auf Meereshöhe in den Feuchtgebieten. Oder du startest an der Küste eine Bootstour.« Das verbindende Element? Vögel allerorten! In einem guten Jahr, sagt er, bekäme man rund 300 Arten zu Gesicht – vorausgesetzt, man hat einen solch geschärften Blick wie Ministro. Die besten Monate, um den eigenen Blick zu schulen, sind die Monate März bis Mai sowie September und Oktober.

Wer unerfahren ist, kann immer noch die Teilnahme an einer Birdwatching-Tour erwägen. Begibt man sich hingegen in Eigenregie auf die Pirsch, braucht es zumindest drei Voraussetzungen für möglichst viele Sichtungen: Zeit, ein leistungsstarkes Fernglas und

Unterwegs mit einem erfahrenen Guide und professionellem Equipment wird das Birdwatching sicher zum Erfolg. Möwen sieht man jedoch immer und überall.

einen aussichtsreichen Spot. Das können im Mittelteil der Algarve die Salinengebiete sein, aber auch kleine Seen wie São Lourenço. Leicht zu identifizierende Blickfänge sind Flamingos und Reiher. Farbenfroh – mit rotem Schnabel, dunkelblauem Gefieder und rötlichen Beinen – stakst das Purpurhuhn daher, das vor Jahrzehnten in Portugal fast ausgestorben war. Nun haben sich die Bestände erholt. Durchs Fernglas oder Teleobjektiv erkennt man auch Fisch- und Habichtsadler, Möwen, Löffler, Wiedehopfe, Webervögel, Spechte, Kormorane oder Haubentaucher. Einfacher wiederum wird es bei Weißstörchen, die selbst über Faro hinwegflattern.

Unternehmungen in Eigenregie: Leicht erreichbar sind die vogelreichen Seen São Lourenço (Quinta do Lago; mit Beobachtungsturm) und Foz do Almargem (nahe dem Strand Loulé Velho). Westlich des Flughafens von Faro beginnen Feucht- und Salzpfannengebiete. Tipps zu Spots gibt es unter www.walkalgarve.com.

Organisierte Birdwachtung-Touren: u.a. mit Formosamar (Bootsausflüge Tel. 918 72 00 02, http://formosamar.com) und A Rocha Life (Tel. 282 96 83 80, http://arochalife.com).

Westliche Algarve

*

UNTER FELS-TÜRMEN UND DELFINEN

*

Steinerne Aushängeschilder der Algarve und konkurrenzlose Kulissen sind die Felsgebilde und Meeresgrotten nahe Lagos. Fernab der Küsten- und Strandvielfalt werfen sich im Hinterland die Berge der Serra de Monchique auf. Und ganz im Westen schiebt sich das Kap São Vicente in den Atlantik.

Die große Küstenvielfalt: An der Praia Dona Ana in Lagos hält sie Sandstrandfreuden zwischen Kalksteinfelsen parat.

Strandvergnügen im Barlavento – so heißt der Küstenabschnitt zwischen Albufeira und dem Kap São Vicente, auch als Felsalgarve bekannt. Ganz oben die Praia de Benagil, darunter Urlaubslaune an Portimãos Praia da Rocha. Rechts sonnt sich das malerische Ferragudo im Abendlicht am Ufer des Rio Arade.

Auch nicht zu verachten: die Praia do Carvoeiro, »Dorfstrand« des angrenzenden Ortes. Eine Bucht an der Algarve ist eben malerischer als die andere. Wer die Wahl hat …

VORAUS GLITZERT DER ATLANTIK, WÄHREND ES IM HINTERLAND SELTSAM ROSA FLIMMERT.

Olivia braucht eine Stärkung. Sie stoppt abrupt, macht den Pferdehals lang und beginnt laut hörbar mit dem Zermalmen der erbeuteten Dünengras-Snacks. Da nützen Zügel und gutes Zureden nichts. Dennoch ist sie ein »braves, zutrauliches Tier«, wie Begleiterin Elsa beim Satteln auf dem Landgut Quinta da Saudade versichert hat. Geduldig trägt die Stute ihre Last durch die Sandhügel hinter dem Strand von Armação de Pêra. Die Panoramarunde im Kleinformat dauert gut zwei Stunden. Voraus glitzert der Atlantik, im Hinterland flimmert es seltsam rosa. Eine Sinnestäuschung? Nein. Der See ist Lebensraum von Flamingos. Unablässig durchkämmen die grazilen Vögel mit ihren Seihschnäbeln das Wasser, werfen ihr Spiegelbild auf die Oberfläche. Nicht immer sieht man sie, heute schon. Ein stilles Abendschauspiel, Zeit zum Abstieg. Olivia nutzt die Gunst der Stunde und frisst in aller Pferdeseelenruhe weiter.

TIERISCH FASZINIEREND

Die Algarve bringt auf Trab und ist tierisch faszinierend, wie auch folgende Szenerie belegt. Der Atlantik vor Lagos, die See ist glatt, flaumige Wölkchen verdecken kurz die Sonne. Acht Seemeilen nach der Ausfahrt sind sie plötzlich da, als hätte irgendwer das Kommando gegeben: silbrig schimmernde Körper, die pfeilschnell durchs Wasser schießen und das Boot begleiten. »Die Erfolgschancen beim Dolphinwatching liegen bei 95 Prozent«, sagt die Expertin Dalila. Ein mehr oder minder programmiertes Glück also, allerdings ohne Geld-zurück-Garantie. Zweibeiner müssen bei den Ausfahrten magenfest sein.

Heute sind die neugierigen und spielfreudigen Vertreter des Gewöhnlichen Delfins aufgetaucht. Als eines der Tiere einen Luftsprung vollführt, erklingt aus der Gruppe an Bord ein belustigter Ausruf: »Angeber!« Knapp 20 Minuten hält Skipper Ian Kontakt, dann peitscht er das Boot zurück zur Marina. Mission erfüllt, alle zufrieden.

BESCHÜTZER DER FISCHER

Lagos, ein vielgesichtiges Städtchen an der Mündung der Ribeira de Bensafrim, steckt voller Atmosphäre. Die Promenade am Fluss ergänzt den verästelten Hafenbereich, der Hafen den Markt, der Markt die nahen Strände, die Strände die kleine Festung, die Festung die Altstadt. Dort sprudelt das Leben um Café- und Kneipenterrassen. Guter Einstiegspunkt ins Gassengeflecht ist die Praça Gil Eanes.

Einen besinnlichen Gegenpol schafft die Igreja Matriz, die ihr nüchternes In-

Szenenwechsel, auch hier fühlt man sich pudelwohl: Der Atlantik tritt in den Hintergrund, die Farbe Grün spielt die Hauptrolle. Vom Berg Fóia aus, soweit das Auge reicht, denn auf dem »Dach der Algarve« liegt einem die Serra de Monchique zu Füßen.

Wunderbar erwanderbar ist die Serra, und Wandern macht hungrig. Mit deftigen Wurst- und Fleischgerichten wartet das Restaurante Jardim das Oliveiras zwischen Monchique und dem Fóia-Gipfel auf.

Die ersten Badehäuser in Caldas de Monchique, dem einzigen Thermalbad der Algarve, entstanden im 17. Jahrhundert. Der Fremdenverkehr begann Ende des 19. Jahrhunderts. Heute sprudelt der Thermal- und Spakomplex munter weiter.

DAS GRÜN IST BEGLEITER IN DER SERRA DE MONCHIQUE.

terieur spätestens dann vergessen lässt, wenn während der vollbesetzten Sonntagsmesse inbrünstig »Halleluja« geschmettert wird. Gegen den liturgischen Freudengesang kommt auch ein einzelnes Handyklingeln nicht an; verschämt drückt ein älterer Mann den Off-Knopf. »Das ist unser Gonçalo«, sagt im Anschluss an die Messe eine Frau – und meint nicht etwa den Telefonsünder, sondern das Heiligenbildnis an einem Ehrenplatz neben dem Altarraum, das es hinreichend zu würdigen gilt. Gonçalo von Lagos, der Stadtpatron und Beschützer der Fischer, genoss bereits im Spätmittelalter Verehrung. Etwas oberhalb der Festung begegnet man ihm in Denkmalform wieder, hoch erhoben das Kreuz in der Rechten, der Kopf von Möwen oft zweckentfremdet als Lande- und Lastenabwurfplatz.

Für die Gemeinschaft der Gläubigen steht die nur zwei Straßenecken von der Igreja Matriz entfernte Kirche Santo António auf dem Abstellgleis. Und im Sinne der Kunstliebhaber ist das gut so. Der Sakralbau ist heute Teil des Stadtmuseums und erschlägt im Innern mit der üppigen Pracht des Barocks. Azulejos und Blattgoldzier faszinieren ebenso wie die Reihe großformatiger Gemälde mit Motiven aus dem Leben und Wirken des heiligen Antonius. Wer den angegliederten Museumskomplex durchstreift,

Unter den Mauren war Silves Hauptstadt der Algarve. Das Kastell aus rotem Sandstein ist das Wahrzeichen der Stadt.

Silves´ Kathedrale in gotischem Stil (oben) wurde im 13. Jahrhundert über einer Moschee erbaut. Von 1242 bis 1577 war hier ein Bischofssitz. Das geschichtsträchtige Städtchen (rechts) liegt auf einem Hügel am rechten Ufer des Arade.

bekommt ein buntes Sammelsurium aus Landschaftsgemälden, Bootsmodellen, archäologischen Exponaten und historischen Waffen zu sehen. Und ein kitschig gelocktes Jesuskind dazu.

KATZENKOPF UND GARAGE

Gesegnet ist Lagos mit einem Labyrinth aus bizarren Felsformationen um die benachbarte Ponta da Piedade, einem Klassiker unter den Bootsausflugstouren. Um die Landspitze hat Mutter Natur ganze Arbeit geleistet. Hier haben Wasser und Winde die Küstenkulissen zu Bögen, Türmen und Megaskulpturen modelliert. Mittendrin liegen winzige Strände, Lebensräume von Seevögeln. Agaven klammern sich an die Abstürze, hoch oben am Festland verlaufen Pfade.

Käpt'n Chico umschifft routiniert die Klippen und spornt die Fantasie seiner Ausflugsfracht an. Für fast jedes Gebilde, jedes Inselchen, jeden Zacken hat er den passenden Namen parat: Katzenkopf, Hochzeitstorte, Gorilla. Ein schlafendes

SEITWÄRTS FLUTET BLAUGRÜNES LICHT HEREIN, WIE MIT KÜNSTLICHEN STRAHLERN GESETZT.

Kamel, die Titanic in Kleinformat, ein Elefant, Pinocchio mit der langen Nase. In Zentimeterarbeit dringt Chico in Grotten vor, in denen das Meer wogt und gurgelt. Seitwärts flutet blaugrünes Licht herein, wie mit künstlichen Strahlern gesetzt. Noch stärker als durch Spitzen und Kanten ist die Aufmerksamkeit durch den Boots- und Kajakverkehr anderer Ausflügler gefordert; selbst in der Nebensaison herrscht reger Betrieb. Als der Käpt'n kurz vor dem Wendepunkt in eine Höhle steuert und »Garage« sagt, muss er selbst lachen.

KEIN STRAND WIE DER NÄCHSTE

Dank ihrer Wasserqualität sind viele Strände mit der »Blauen Flagge« geadelt

Lagos ist bei Tag wie bei Dunkelheit sehenswert. An Restaurants herrscht kein Mangel, der Einstiegspunkt in die belebtesten Zonen liegt nahe der Praça do Infante. Benannt ist der Platz nach Prinz Heinrich dem Seefahrer (1394–1460), dem Wegbereiter der portugiesischen Entdeckungsfahrten.

Lagos' Igreja de Santa Maria wurde nach dem Erdbeben von 1755 wiederaufgebaut. Rechts im Bild thront auf steinernem Sockel Heinrich der Seefahrer.

Obwohl Lagos einer der beliebtesten Touristenstützpunkte der Felsalgarve ist, hat es sich ein sympathisches Eigenleben bewahrt. Am Hafen (oben) wie in der Stadt gehen die Einheimischen ihren Alltagsdingen nach, ohne sich von den Urlaubern stören zu lassen.

DIE LEBENSART HAT DIE ZEITEN ÜBERDAUERT, DIE MENSCHEN GEBEN SICH FREMDEN GEGENÜBER AUFGESCHLOSSEN.

worden, doch welcher ist der schönste im Westen? Die Wahl fällt schwer, denn kein Küstenabschnitt gleicht dem nächsten. Zu den Favoriten zählt die feinsandige Praia do Zavial, die südlich von Raposeira einsam zwischen Felsmassiven liegt. Auch die kilometerlange Meia Praia bei Lagos, die Praia do Martinhal bei Sagres und die Praia do Beliche kurz vor dem sagenumwobenen Kap São Vicente haben ihre Reize.

An Stränden von Ferienorten wie Burgau, Luz oder Carvoeiro gilt es zu teilen: die Zugänge, die Eindrücke, die Liegeflächen ... Im Sommer stehen die Menschengrills auf voller Flamme, Strände wie diese sind keine Geheimtipps mehr. Schön bleiben sie trotzdem. Ein Prädikat, das selbst für die Sandweiten der Praia da Rocha gilt. Dass der darüberliegende Ort und das benachbarte Portimão flächendeckend zugebaut sind, muss man so hinnehmen. Da liegt die gute alte Algarve unter Beton begraben – daran messen darf man sie nicht.

FREUNDLICH UND KÄMPFERISCH

Ungeachtet mancher Bausünden und äußerer Einflüsse sind sich die Gegenden vielerorts treu geblieben. Die Lebensart hat die Zeiten überdauert, die Menschen geben sich Fremden gegenüber aufgeschlossen und ungekünstelt freundlich. Im Café bleibt immer Zeit für einen Es-

Die Becken der Marina in Lagos wurden am Flüsschen Bensafrim ausgehoben. Eine Fußgängerbrücke an der Flusspromenade verbindet Altstadt und Hafen.

Auf dem Platz und in den umliegenden Gassen pulsiert zur wärmeren Jahreszeit das Leben. Auf der Praça Gil Eanes in Lagos steht ein Denkmal für König Sebastião, das vom portugiesischen Bildhauer João Cutileiro (1937–2021) geschaffen wurde.

Bizarre Felsformationen: Die Grotte O Algar bei Benagil, östlich von Carvoeiro, ...

... und die Praia Dona Ana am Rand von Lagos. Postkartenkulissen wie diese hat man nicht für sich allein – vor allem in der Hauptsaison muss man sie teilen.

IM CAFÉ BLEIBT IMMER ZEIT FÜR EINEN ESPRESSO, VON IRGENDWOHER RIECHT ES NACH GEGRILLTEN SARDINEN.

presso, von irgendwoher riecht es nach gegrillten Sardinen. Noch immer zieht man Fischerbötchen hoch in den Sand, treibt im Inland die Rinderherde durchs Dorf, leint frisch gewaschene Wäsche über der Straße auf.

Und falls mal wieder wirtschaftliche Krisenstimmung in Portugal herrscht? Wer die Einheimischen auf schwere Zeiten anspricht, erfährt hinter vorgehaltener Hand, dass der Automechaniker auch Fisch als Lohn akzeptiert und der Zahnarzt Erdbeerbaumschnaps. Der Tausch von Dienstleistungen und Gütern steht bei Gelegenheiten wie diesen in bester Blüte. Und wenn es um Auswege aus Krisenzeiten geht, bekommt man mitunter eine kämpferische Antwort voller Nationalstolz: »Wir Portugiesen haben uns noch immer aus allem selbst befreien können!« Bei der Corona-Pandemie brauchte es aber seine Zeit.

MAURISCHES ERBE

Apropos Befreiung: Mitte des 13. Jahrhunderts war es so weit. Nach einem halben Jahrtausend mohammedanischer Fremdherrschaft wurden die Glaubensfeinde endgültig im Zeichen des Kreuzes besiegt. Besonders hart umkämpft war Silves, ein politisch-religiöses Zentrum mit der größten Burg der Algarve. Bereits aus der Ferne setzt das rostbraune Kastell den Farbkontrast zu den Orangenplantagen im Umland. Wenn die Steine reden könnten, würden sie von den Blutflüssen während der ersten Eroberung im Jahr 1189 unter König Sancho I. berichten und von den Mauren als Meistern der Wassertechnik. Wie schon die Römer, so verstanden sich auch die Muslimen vorzüglich darauf, aus jedweden Quellen Wasser abzuschöpfen, zu kanalisieren, zu verteilen, aufzufangen. Das unterstreicht die Hauptzisterne auf der Festung von Silves. Volkes Mund hat dem Speicher den Namen »Zisterne der verzauberten Maurin« gegeben und macht glauben, alljährlich in der Johannisnacht tauche ein Boot mit der Dame auf. Die Legende behauptet ferner, dass sich aus einer weiteren Burgzisterne der Rio Arade und der Ort Estombar erreichen lassen – durch lange unterirdische Tunnel.

DACH DER ALGARVE

Hoch hinauf geht es auf die Fóia, mit 902 Metern das Dach der Algarve in der Serra de Monchique. In einem Taleinschnitt am Weg liegt der Komplex der Termas de Monchique, deren Heilwasser schon die Römer zur Behandlung von Rheuma und Atemwegserkrankungen nutzten. Wer dem Aberglauben und dem Traum vom Nichtaltern nachhängt, trinkt im Thermalpark aus dem »Brun-

Zwei Kilometer südlich der Praia Dona Ana liegt die Ponta de Piedade, ein grandioses Vorgebirge, das am Ende der Bucht von Lagos steil ins Meer abfällt. Die höchsten Felszacken ...

… erheben sich 20 Meter aus dem Wasser und sind am besten vom Boot aus zu bewundern.

»WER AN DER KÜSTE BLEIBT, KANN KEINE NEUEN OZEANE ENTDECKEN.«

Magellan (Fernando de Magalhães, um 1480–1521)

Auf dem Weg an die Westspitze der Algarve passiert man das Dörfchen Salema …

… und gelangt ins historisch bedeutsame Sagres. Dessen Festung, die Fortaleza de Sagres, gilt als Zentrum der portugiesischen Entdeckungs- und Eroberungsgeschichte.

Die touristische Infrastruktur in und um Sagres ist mit den weiter östlich gelegenen Urlaubszentren nicht zu vergleichen. Im Porto da Baleeira gehen die Fischer weitgehend ungestört ihrem Tagewerk nach.

Die größte Sehenswürdigkeit nahe Sagres ist das stürmische, meerumtoste Cabo de São Vicente, der südwestlichste Punkt der Iberischen Halbinsel und somit des europäischen Kontinents. Der Leuchtturm wurde 1846 auf Veranlassung von Königin Maria II. gebaut.

Special

Der heilige Vinzenz

Im Rabenschiff zum Kap

Das Kap São Vicente trägt den Namen des heiligen Vinzenz. Laut Legende wurden seine Überreste dort vom 8. bis 12. Jahrhundert verehrt.

Die Überlieferung weiß, dass Vinzenz aus Spanien stammte und im Jahre 304 seinen Glauben mit dem Leben bezahlte. In Valencia wurde er Opfer der Christenverfolgung des römischen Kaisers Diokletian. Seine Peiniger legten ihn auf einen Feuerrost, stießen ihm glühende Haken ins Fleisch, aber nichts davon führte zum Tod. Erst als ihn Statthalter Dacianus auf weiche Decken betten ließ, starb Vinzenz. Schließlich hatte er unter Beweis gestellt, dass er die schlimmsten Qualen dank seiner Glaubensstärke aushalten konnte. Der Leichnam wurde wilden Tieren zum Fraß vorgeworfen – sie rührten ihn nicht an. Da versenkte man ihn mit einem Mühlstein im Meer, doch er trieb ans Ufer zurück. Zwei Raben kamen und beschützten ihn, bis ihn fromme Leute fanden und begruben.

São Vicente ist Schutzpatron der Seeleute.

Im 8. Jahrhundert gingen die Überreste des Heiligen auf Reisen. Ein führerloses Boot, begleitet von Raben, brachte sie von Valencia zum südwestlichsten Landvorsprung der Iberischen Halbinsel. Dort, so sagt es die Legende, wurden die Reliquien fortan in einem Kirchlein verehrt, bis man sie 1173 nach Lissabon schaffte, wo sie noch heute ruhen. Eine Kapelle ist nicht erhalten, wohl aber ein Reliquiar im Pfarrmuseum von Vila do Bispo.

nen der Jugend«. Oder man nimmt, bevor man vor den Traualtar tritt, gemeinsam aus einer Hand einen Schluck aus der »Liebesquelle« – dann wird man niemals auseinandergehen. Nüchtern betrachtet schmeckt eigentlich alles nur wie kühles, frisches Gebirgswasser ...

Das Grün ist Begleiter in der Serra de Monchique, ein Großmosaik aus Kiefern, Korkeichen, Eukalyptus, Quitten, Maronen, Strauchwerk. Die Früchte des Erdbeerbaums fließen in die Produktion eines unverwechselbaren hochprozentigen Klaren, des Aguardente de Medronho. Auf der Fahrt zur Fóia fällt die

DAS KAP SÃO VICENTE TRÄGT DEN NAMEN DES HEILIGEN VINZENZ, DER LAUT ÜBERLIEFERUNG AUS SPANIEN STAMMTE.

Temperatur mit der Höhe. Tief unten wellt sich das Küstenvorland aus, Dörfer und Anwesen liegen verstreut, über dem Atlantik hängt ein dramatischer Lichtdom. Antennenmasten setzen der Fóia eine befremdliche Krone auf, Großparkplätze empfangen die Ankömmlinge. Und vereinzelte Steinmännchen, die Zeichen setzen: Man ist hier gewesen.

Besondere Wellness-Hotels

ABTAUCHEN IN DER WOHLFÜHLOASE

Endlich Ferien! Die Seele baumeln lassen, ausspannen, die Akkus neu aufladen. Für das Rundum-Wohlbefinden sind Unterkünfte von der Stange meist wenig geeignet. Wir verraten Ihnen einige besondere Adressen, die gewöhnlich ein gewisses Urlaubsbudget erfordern. Es kann auch sein, dass für den Zugang in Spa-Bereiche extra kassiert wird.

1 Cascade Wellness Resort

Eine Anlage von 38 Hektar in der Feriengemeinde Lagos – der Atlantik und die Traumszenerie der Ponta da Piedade liegen quasi vor der Haustür. Als wären das nicht Vorzüge genug, gibt es noch den großen Außenpool, neueste Fitnessgeräte und den Spa. Bei den Gesichts- und Körperbehandlungen wirken Düfte und Heilkräfte aus mehreren Kontinenten. Bei den Massagen kommen auf Wunsch heiße Basaltsteine zum Einsatz, und nach einer Anti-Stress-Massage sieht man die Welt in neuem Licht.

Rua das Ilhas, Lagos,
Tel. 282 77 15 00,
www.cascaderesort algarve.com

2 Bela Vista Hotel & Spa

Komfort, Tradition und Moderne gehen hier eine wohltuende wie gelungene Symbiose ein. Der Ursprung des Anwesens liegt im 19. Jahrhundert. Der Spa-Bereich wird als exklusive Oase gepflegt, mit Sauna, Hamam, Fitness Lounge und mehreren Räumen für Anwendungen, darunter auch solche für Paare. Wohlig relaxen kann man natürlich auch am Freiluftpool unter Palmen.

Av. Tomás Cabreira,
Praia da Rocha, Gemeinde Portimão,
Tel. 282 46 02 80,
www.hotelbelavista.net,
www.relaischateaux.com

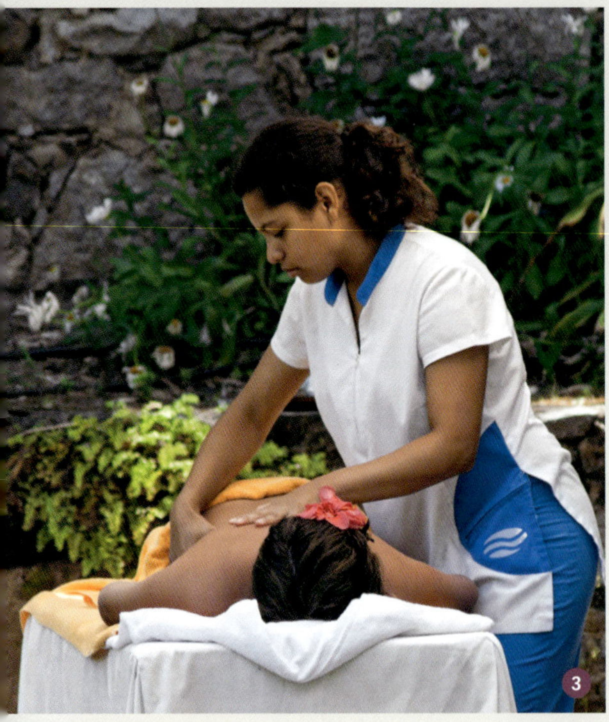

3 Villa Termal das Caldas de Monchique Spa Resort

Dass in Monchique die einzige Therme der Algarve sprudelt, war bereits den Römern bekannt, die hier Linderung bei Atemwegs-, Muskel-, Knochen- und Gelenkproblemen suchten. Im Spätmittelalter aalte sich König João II. im warmen Heilwasser, im 17. Jahrhundert nahmen erste Badehäuser Gestalt an. Heute verteilen sich über den Thermalort mehrere Unterkünfte unter dem Dach einer Zentralreservierung. Die Therme im Vorgebirge der Serra de Monchique entspricht mittlerem Niveau – ausgefallenen Luxus sollte man also nicht erwarten.

Caldas de Monchique, Gemeinde Monchique, Tel. 282 910 910, http://monchiquetermalresort.com

4 Pine Cliffs Resort

Wellness für Auge und Ohr ist allein schon die Lage hinter dem Steilküstenstrand Praia da Falésia, die ihren Wellenschlag hinaufschickt. Auszeiten nimmt man sich im Freiluftpool, im Fitnessbereich, an der Champagner-Bar oder in einem der feinen Restaurants. Entspannungsmomente verheißen zudem Streifzüge durch das umliegende Wiesen- und Pinienareal.

Praia da Falésia, Gemeinde Albufeira, Tel. 289 50 01 00, www.pinecliffs.com

5 Vilalara Thalassa Resort

Wohlbefinden erster Güte, das innere Gleichgewicht wiederfinden, Körper und Geist in Einklang bringen – dabei hilft die Thalassotherapie, die auf dem Einsatz von Meereswasser basiert. Diese und andere Anwendungen lassen sich in dem Luxushotel individuell zusammenstellen. Das gehobene Preisniveau entspricht den Ansprüchen und der Qualität. Schöne Gärten.

Praia das Gaivotas, Alporchinhos, Porches, Gemeinde Lagoa, Tel. 282 32 00 00, www.vilalararesort.com

6 Epic Sana Algarve

Hier ist im kiefernbestandenen Grünen der Boden bereitet für einen entspannenden Aufenthalt in modernem Design. In der weitläufigen Anlage gibt es fünf Außenpools (davon zwei für Kinder), ein Hallenbad und einen Fitnessbereich. Im exklusiven Wellnesscenter »Sayanna« kann man Massagen genießen oder Sauna und Dampfbad besuchen.

Pinhal do Concelho, Praia da Falésia, Olhos d'Água, Gemeinde Albufeira, Tel. 289 10 43 00, www.sanahotels.com

Parque
Natural
do Sudoeste
Alentejano
e Costa
Vicentina
Costa Vicentina
Serra da Brejeira
Serra de Monchique
Serra de Espinhaço de Cão
Distrito de Beja
Distrito de Faro
São Domingos
São Luís
Vale de Lobos
Nascedios
Zambujeira
Almograve
Medo Tojeiro
Cabo Sardão
Cavaleiro
Odemira
Aldeia da Bemposta
Boavista dos Pinheiros
Gavião
Cerro das Pedras
Estacas
Luzlanes
Fataca
Algoceira
Marofanha
Valas
Daroeiras
Touril
Tagarіcas
Porto das Barcas
Zambujeira do Mar
Praia da Zambujeira
Cabeça Gorda
Vale de Figueira
São Teotónio
Pedemeiras
Praia do Carvalhal
Brejão
Asseiceira
Cabeço de Arvéloa
Vale Juncalinho
Delfeira
Santa Bárbara
Rosal
Sabóia
Santa Clara-a-Velha
Pousada de Santa Clara
Praia de Odeceixe
Odeceixe
Baiona
São Miguel
Algares
Monte Nova
Samouqueira
Praia da Samouqueira
Fonte Ferrenha
Maria Vinagre
Azenha
Zambujeiro
Foz do Besteiro
Foz do Arroio
Galé de Baixo
Galé de Cima
Fonte Santa
Mesquita
Bunheira
Rogil
Saiceira
Praia da Carriagem
Praia de Monte Clérigo
Seromіnheiro
Carrascalinho
Moinho do Sogro
Giraldo
Besteiro
Pêro Negro
Pacil
Aljezur
Castelo mourisco
Igreja
Nova
Cerca dos Pomares
Vale da Nora das Arvores
Moinho do Bispo
Marmelete
Portela
Chilrão
Pé do Frio
Foia
Monchique
Picota
Picos
Abutareira
Monte Novo
Vale Formoso
Palmeirinha
Vales
Praia da Arrifana
Arrifana
Canal
Praia da Penedo
Barranco da Vaca
Zebro
Vale de Água
Rua Nova
Caseis
Malhão
Gil Bordalo
Caldas de Monchique
Barranco do Barracão
Fornalha
Barragem do Odelouca
Romeiras
Três Figos
Tojeira
Vale da Horta
Embarradoiro
Barranco do Carriçal
Cavaca
Ribeira das Canas
Chiqueiro
Praia de Vale de Figueira
Chabouco
Monte Novo
Mesquita
Monte Ruivo
Espinhaço de Cão
Corsino
Guena
Barranco do Milho
Montes de Cima
Moinho da Rocha
Pincho
Barragem da Bravura
Pereira
Túmulos de Alcalar (Nevrópole megalítica)
Casas da Senhora do Verde
Alcalá
Rolhão
Reguengo
Porto de Lagos
Odelouca
Cabeça Branca
Barranco do Resgalho
Silves
Enxerim
Almarjão
Praia do Bordeira
Pontal
Bordeira
Carrapateira
Praia do Amado
Praia d. Murração
Vilarinha
Pedralva
Praia d. Mirouço
Praia d. Mouranitos
Praia d. Barriga
Praia da Cordama
Praia do Castelejo
Pardieiro
Barão de São João
Pêro Queimado
Barão de São Miguel
Bensafrim
Lagos
Monte Ruivo
Mexilhoeira Grande
Arão
Cotifo
Ruivo
Odiáxere
Torre
Alvor
Chão das Donas
Portimão
Figueirinha
Arrochela
Medeiros
Fontes
Venda Nova
Poço Fundo
Estômbar
Lagoa
Porches
Colégio
Louzeira
Sargaçal
Marateca
Portelas
Monte Judeu
Alto da Cerca
Ferrel
Espiche
Almadena
Cerro das Ferrarias
Abicada (Vila Romana)
Montes de Alvor
Pirra
Torralta
Grutas de Ibne Ammar
Ferragudo
Sesmarias
Lombos
Torre de Aspa
Vila do Bispo
Raposeira
Na.Sa. de Guadalupe
Budens
Montinhos da Luz
Luz
Porto de Mós
Burgau
Salema
Figueira
Barrancão
Lagos
Meia Praia
Baía de Lagos
Praia d. Alvor
Praia de Três Irmãos
Praia d. João de Arens
Praia da Rocha
Praia d. Ferragudo
Ponta do Altar
Praia d. Caneiros
Praia da Lapa
Carvoeiro
Alfanzina
Rocha Brava
Praia d. Carvoeiro
Praia do Carvalho
Praia d. Benagil
Praia d. Marinha
Praia d. Dona Ana
Praia d. Camilo
Ponta da Piedade
Praia d. Canavial
Praia d. Porto de Mós
Praia d. Luz
Praia d. D. Maria
Praia d. Burgau
Praia d. Almadena
Ponta de Almadena
Praia d. Salema
Praia d. Boca do Rio
Praia d. Figueira
Praia d. Ponta Ruiva
Santo António
Hortas do Tabual
Zavial
Grutas do Monte Francês
Praia d. Ingrina
Praia d. João Vaz
Praia d. Barranco
Praia d. Rebolinhos
Praia do S Telheiro
São Vicente
Belixe
Cabo de São Vicente
Pousada
Praia d.Belixe
Sagres
Ponta da Torre
Praia da Martinhal
Ponta da Atalaia
Praia d.Tonel
Praia d. Mareta
Ponta de Sagres
1
2
3
4
5
Maßstab 1:300.000
0
6km

KLIPPEN UND GEBIRGE

Alles braucht seine Zeit, auch die Anfahrten zu den Stränden. Mitunter liegen sie ein gutes Stück von den Durchgangsstraßen entfernt und zeigen, eingefasst von Klippen, dass man es im Westen mit der Felsalgarve zu tun hat. Landschaftliche Glanzlichter setzen aber auch die Serra de Monchique und das Kap São Vicente.

1 Carvoeiro

Einst Fischerdorf, seit langer Zeit schon eine feste Größe im Ferienleben der östlichen Westalgarve – so lässt sich der Ort (3000 Einw.) in Kurzform skizzieren.

AKTIVITÄTEN

Bootstouren führen an der zerklüfteten Küste entlang. Wer lieber an Land bleibt, kann oberhalb der Klippen auf der schönen **Stegpromenade** Richtung Algar Seco spazieren; Einstieg bei der Kirche Nossa Senhora da Encarnação.

UNTERKUNFT

Das außerhalb des Orts über der Bucht Vale do Covo gelegene **€ € € Tivoli Carvoeiro Algarve Resort** (Vale do Covo, Tel. 282 35 11 00, www.tivolihotels.com) ist von außen zwar keine Schönheit, bietet drinnen aber eine komfortable Bleibe, gekrönt von fünf Sternen. Küstenblicke, Pools, Spa, Sky Bar.

RESTAURANT

Um den Platz hinter der Praia do Carvoeiro legt sich eine populäre Restaurantzone; hier nimmt man gerne im **€ € / € € € O Patio** (www.opatio carvoeiro.com) oder im **€ Tapas da Vila** (Facebook-Seite) Platz.

UMGEBUNG

Richtung Westen liegt in einer Felsbucht die **Praia do Paraíso;** weiter auf die Mündung des Rio Arade zu folgen Strände wie die **Praia Caneiros** und der freundliche Ort **Ferragudo** mit mehreren Strandabschnitten.
Tipp für die große Wohn- und Einkaufsstadt **Portimão:** Das in einer ehemaligen Fischkonservenfabrik untergebrachte Stadtmuseum (Rua D. Carlos I, Zona Ribeirinha; Aug. Di. 19.30 bis 23.00, Mi.–Sa. 13.00–23.00 und So. 15.00 bis 23.00, September–Juli Di. 14.30–18.00, Mi.–So. 10.00–18.00 Uhr; http://museudeportimao.pt) nimmt seine Besucher mit auf eine sehr anschauliche Reise in die Vergangenheit des Orts und seiner Fischwirtschaft. Portimão ist auch Sitz der Kunstgalerie Lady in Red, die Ausstellungen veranstaltet (Rua Infante D. Henrique 140, www.galerialadyinred.com). Auf Portimão folgt das laute Ferienziel **Praia da Rocha,** wo man von den Überbleibseln des kleinen Kastells (Fortaleza de Santa Catarina;17. Jh.) eine schöne Aussicht genießt, und dann das beschaulichere, an die vogelreiche Ria de Alvor stoßende **Alvor**. Für Naturfans attraktiv ist das Netz der Spazierwege zwischen Lagune und Strandweiten.
Im Osten von Carvoeiro setzt **Algar Seco** mit schönen Felsformationen und -grotten ein Ausrufezeichen. Weiter östl. setzt sich das zerklüftete Gepräge mit Stränden wie der **Praia do Carvalho** (Zugang über Treppen durch den Fels – ein echtes Unikat!), der **Praia de Benagil** und der **Praia da Marinha** fort. Leuchtend hell erhebt sich über der Steilküste die **Capela Nossa Senhora da Rocha** (mit Marienbildnis, 16. Jh.). In **Armação de Pêra** splittet sich der Strand in die kleine Praia dos Pescadores und die von Dünen gesäumte Praia Grande. Dahinter liegt die **Lagoa dos Salgados,** Lebensraum für viele Vögel. An der Straße von Armação de Pêra nach Albufeira führt eine Abzweigung zur **Quinta da Saudade,** die Reittouren zur Küste anbietet (Vale Parra, Tel. 968 05 40 13, www.cavalosquintadasaudade.com). Im Hinterland von Carvoeiro lockt **Estombar** mit einem teuren Aquapark (Ostern–Ende Okt.; www.slidesplash.com). **Lagoa** ist Sitz der Winzervereinigung Adega Cooperativa (Estrada Nacional 125, Tel. 282 34 21 81); Direktverkäufe von Weinen im Shop.

INFORMATION

Antigo Edifício da Junta de Freguesia do Carvoeiro, Beco do Galeão 7, Carvoeiro, Tel. 282 35 77 28

Birdwatching in der Ria de Alvor; Felsformationen Algar Seco bei Carvoeiro

2 Silves

Das historisch wichtige Städtchen (11 000 Einw.) stieg unter den Mauren im 11. Jh. zur Algarvehauptstadt auf; Mitte des 13. Jh.s fiel es endgültig in die Hände der Christen.

SEHENSWERT

Wahrzeichen des Ortes ist das große, zinnenbesetzte **Castelo** (Mai–Sept. tgl. 9.00–20.00, Okt.–April tgl. 9.00–18.00 Uhr), erbaut aus Lehm und rotem Sandstein. Am Zugang erinnert ein Denkmal an König Sancho I., der im Jahr 1189 erstmals zum Sturm auf die Festung blasen ließ und dabei Unterstützung durch Kreuzritter erhielt. Das Kastell lädt zu Turm- und Mauererkundungen ein, stellenweise haben die Restauratoren etwas übertrieben. In Nachbarschaft der Burg liegt mit der **Sé** (Urspr. 13. Jh.; Mo.–Fr. 9.00–13.00 und 14.00–17.00, Sa. 9.00–13.00 Uhr) die älteste Kathedrale der Algarve.

VERANSTALTUNGEN

Mitte Feb. Orangenschau **(Mostra Silves Capital da Laranja)**, Mitte Aug. die zehntägige **Feira Medieval**, (http://feiramedievaldesilves.pt)) ein Mittelalterfest.

INFORMATION

Estrada Nacional 124, Parque das Merendas, Tel. 282 09 89 27, www.cm-silves.pt

3 Caldas de Monchique

Das historische, rasch überschaubare Kur- und Thermaldorf liegt umgeben von üppigem Grün an den Südausläufern der Serra de Monchique; die Nationalstraße führt in einer großen Schleife herum. Im 17. Jh. entstanden die ersten Badehäuser, Ende des 19. Jh.s setzte der Fremdenverkehr ein. Die mineralhaltigen Wasser kommen mit 32 °C aus der Erde.

SEHENSWERT
Die kleine **Parkanlage** mit Eukalyptusriesen und Picknicktischen steht jedermann offen.

UNTERKUNFT
Über den Ort verteilen sich einige **€/€€€ Unterkünfte,** die unter dem Reservierungsdach der **Villa Termal das Caldas de Monchique Spa Resort** (http://monchiquetermalresort.com, siehe S. 75) stehen. In das nüchterne **Hotel Termal** ist der Indoor-Thermalkomplex integriert, das **Hotel Central** bewahrt historisches Flair.

RESTAURANTS
Am Zentralplatz steht das **€€/€€€ Restaurante 1692.** Den kleineren Hunger und Durst stillt die Weinbar **€ Alkaline.**

UMGEBUNG
Die **Serra de Monchique** TOPZIEL ist ein gutes Wanderrevier, ein Ziel der Berg Picota (773 m).

Tipp

Bergrestaurant an der Fóia

Deftige Wurst- und Fleischgerichte sprechen für das Bergrestaurant, zu dem hinter Monchique an der Auffahrt zur Fóia ein Schild nach rechts weist. Umgeben von Olivenhainen, kommt im rustikalen Lokal oder auf der Terrasse typische Hausmannskost wie Zicklein, Wildschwein oder Kichererbseneintopf auf den Tisch.

€€ Jardim das Oliveiras,
Sítio do Porto Escuro, Tel. 966 24 90 70,
http://jardimdasoliveiras.com;
So.-abends und Di. ganztägig geschl.

Kurort Caldas de Monchique; Lagos: Blick vom Forte Ponte da Bandeira; Keramik en gros bei Vila do Bispo

Richtung Norden geht es ins Bergland bis zum Ort **Monchique**, die dortige Kirche besitzt ein manuelinisches Portal; von da sind es 8 km Fahrstrecke zur **Fóia** (902 m), dem höchsten Gipfel der Algarve. An der Straße Richtung Küste liegt der **Parque da Mina** (April bis Sept. tgl. 10.00–19.00, sonst bis 17.00 Uhr, Nov.–März Mo. und Di. geschl.; www.parquedamina.pt), wo es u. a. Farmtiere und eine historisch eingerichtete Villa zu sehen gibt; der Name kommt von einem stillgelegten Erzbergwerk. Heute ist das Areal vor allem ein Ziel für Familien mit Kindern.

4 Lagos

Sprungbrett zu Stränden und Grotten, lebhafte City, geschichtsträchtiges Pflaster – die Stadt (20 000 Einw.) hat eine Menge zu bieten. Die Fäden laufen an der Praça do Infante und der Praça Gil Eanes zusammen; eine Fußgängerbrücke verbindet Flusspromenade und Marina.

SEHENSWERT
Kulturelles Highlight ist die **Igreja de Santo António,** die mit dem Stadtmuseum, dem **Museu Municipal,** verbunden ist (Rua General Alberto da Silveira; Di–Sa. 10.00–13.00 und 14.00–18.00 Uhr; http://museu.cm-lagos.pt). Die in prächtigem Barock ausstaffierte Kirche datiert vom 18. Jh., die Gemäldetafeln aus dem Leben des hl. Antonius gehen auf José Joaquim Rasquinho zurück.
Die **Praça do Infante** begrenzen der historische **Sklavenmarkt** (Antigo Mercado de Escravos, Gebäude mit Arkadenfront; kleines Museum mit wenig profunder Aufarbeitung des Themas; Di.–Sa. 10.00–13.00 und 14.00–18.00 Uhr) und die **Igreja Matriz** (15./16. Jh.) mit einer Skulptur des hl. Gonçalo von Lagos (1360–1422). Nach dem Heiligen ist mit der **Porta de São Gonçalo** das schönste erhaltene Stadttor benannt; ein Monumentalbildnis zeigt ihn auf dem Freiplatz beim **Forte Ponta da Bandeira** (Di.–Sa. 10.00–13.00 und 14.00–18.00 Uhr; bei Redaktionsschluss vorübergehend geschl.). Die kleine Festung wurde Ende des 17. Jh.s zum Schutz der Flussmündung erbaut und gibt ostwärts den Blick auf das lange Sandband der **Meia Praia** frei. Ganz anders sieht es um die Landspitze **Ponta da Piedade** TOPZIEL aus, wo sich kleine Badebuchten zwischen die Klippen zwängen. Von diesen hat man schöne Ausblicke. Tipp: Für das Stadtmuseum, das Sklavenmarkt-Museum und die Festung ist ein im Preis reduziertes Kombiticket erhältlich.

AKTIVITÄTEN
Von der Marina starten Ausflugsboote zu **Grottentouren** und zum **Dolphinwatching;** ein Anbieter ist Seafaris (Tel. 282 79 87 27, www.seafaris.net). Zu den Delfinbeobachtungen sei angemerkt, dass dies ein ökologisch sensibles Thema ist – schließlich sind Menschen auf Booten Eindringlinge in die altangestammten Lebensräume der Tiere.

UNTERKUNFT
Die Lage bei der Marina und der große Pool sprechen für das **€/€€ Marina Club Lagos Resort** (Tel. 282 79 06 00, www.marinaclub.pt) mit Studios und Suiten; in der Nebensaison kann man bei Direktbuchungen auf gute Deals hoffen. Eine Unterkunft in Hafennähe auf der Zentrumsseite bietet die **€€ Albergaria Marina Rio** (Avenida dos Descobrimentos, Tel. 282 78 08 30, www.marinario.com). Es führt allerdings die Straße vorbei.

RESTAURANTS
Lebhaft geht es in der Fußgängerzone zu, die um die Rua Afonso d'Almeida und Rua 25 de Abril mit reichlich Kneipen und Lokalen wie dem **€€ Don Sebastião** (Rua 25 de Abril 20–22, Tel. 282 78 04 80, www.restaurantedonsebastiao.com) auftrumpft. Günstiger ist es nahe dem Marktgebäude in der großen, hallenartigen **€ Adega da Marina** (Avenida dos Descobrimentos 35, Tel. 282 76 42 84, Facebook-Seite).

UMGEBUNG
Alternativ zu Lagos empfehlen sich die weiter westl. gelegenen, freundlichen Strandorte **Luz** und **Burgau** mit ihren kleinen Unterkünften als Stützpunkte.
Von der nach Westen verlaufenden Landstraße Lagos–Vila do Bispo führen Abzweigungen zu Stränden wie der **Praia de Salema** und zum **Zoo Lagos** (Barão de São João, http://zoolagos.com; April–Sept. tgl. 10.00–19.00, sonst 10.00 bis 17.00 Uhr; bei Online-Buchungen gibt es einen kleinen Preisnachlass). Außerdem zweigt eine Straße zur **Ermida da Nossa Senhora**

de Guadalupe ab, einer Kapelle, in der sich schon Heinrich der Seefahrer im 15. Jh. zur Messe einfand; ein kleines Museum ist angeschlossen (Mo. geschl.).

INFORMATION
Praça Gil Eanes, Tel. 282 76 30 31, www.cm-lagos.pt

5 Sagres

Die Gegend wurde bereits in vorrömischer Zeit besiedelt; im Spätmittelalter begründete Heinrich der Seefahrer die Vila do Infante, wo er 1460 verstarb. 1587 zerstörte Francis Drake den Ort. Heute zählt Sagres rund 2000 Einw., die touristische Infrastruktur hat an Attraktivität gewonnen. Ausschlaggebend ist die Nähe zum Kap São Vicente und zu Stränden.

SEHENSWERT
Über ein schroffes Vorplateau südwestl. des Ortes ziehen sich die Reste der **Fortaleza de Sagres** (Mai–Sept. tgl. 9.30–20.00, sonst 9.30 bis 17.30 Uhr; http://promontoriodesagres.pt), die das Andenken an Heinrich den Seefahrer leidlich bewahrt. Die Bausubstanz ist spärlich. Trotzdem empfiehlt sich der Besuch, vor allem wegen des Blicks bis zum Cabo de São Vicente; hinter dem Festungskirchlein beginnt ein erkundenswertes Wegenetz.
Im Ostteil des Ortes befindet sich der fotogene **Fischerhafen,** an den sich die **Praia do Martinhal** anschließt. Zur Kapseite hin liegt die **Praia do Tonel.**

UNTERKUNFT
Beliebt bei Familien und all jenen, die es sich leisten können: das außerhalb gelegene **€€€ Martinhal Family Hotels & Resorts** (Tel. 218 50 77 88, www.martinhal.com). In der Nähe des Hafens kommt man im **€€/€€€ Memmo Baleeira Hotel** (Sítio da Baleeira, Tel. 282 62 42 12, www.memmohotels.com) unter.

UMGEBUNG
Am **Cabo de São Vicente** TOPZIEL ragt der gedrungene Leuchtturm wie ein Wächter aus der Landschaft. An der Zubringerstraße finden sich Reste der Festung Santa Catalina und der Abgang zur **Praia do Beliche**. Rund um das Kap sind die Ausblicke unschlagbar. Bei Redaktionsschluss war der vormals zugängliche Bereich um den Leuchtturm über dem Kap auf unbestimmte Zeit geschlossen (und damit auch das Café und ein kleines Museum); verantwortlich sind die Nationalen Maritim-Behörden. Nächster Ort nordöstl. ist **Vila do Bispo,** wo die Igreja Matriz (17./18. Jh.) an den Hauptplatz grenzt; im Kircheninnern überraschen Deckendekor und das kleine Pfarrmuseum. Die Anfahrt zur schönen **Praia do Zavial** östl. von Vila do Bispo erfolgt via **Raposeira.**

INFORMATION
Rua Comandante Matoso, Tel. 282 62 48 73, www.sagresonline.com

JA NATÜR LICH

TRAUMPFAD ÜBER DIE KLIPPEN

Sind Sie fit für eine fantastische Felsküstenwanderung, die Sie mitten durch die raue Natur der Westalgarve führt? Dann ist der »Trail der sieben hängenden Täler«, der Percurso dos Sete Vales Suspensos, zweifelsohne die beste Wahl. Die mit rot-gelben Wanderzeichen markierte Route ist offiziell als mittelschwer ausgewiesen. Sie ist frei von besonders risikoreichen Stellen, hin und zurück beträgt die Strecke 11,4 Kilometer. Nicht viel, meinen Sie? Täuschen Sie sich nicht! Selbst geübte Wanderer sollten Zeit mitbringen. Schließlich geht es auf- und abwärts, über Stock und Stein. Vor allem aber gibt es Ausblicke satt! Samt Fotostopps und (Bade-)Pausen kann man daher gut und gern sechs Stunden einplanen.

Auftakt für Seepanoramen und Wellenklang ist der Parkplatz oberhalb der Praia da Marinha, zu dem Sie auf demselben Weg später wieder zurückkehren. Der Umkehrpunkt ist nach 5,7 Kilometern an der Praia de Vale Centianes erreicht. Unterwegs werden Sie Landschaft und Vegetation begeistern, wobei rasch klar wird: Gleichzeitig wandern und die Aussicht genießen ist keine Option. Dazu birgt der unwegsame Untergrund zu viele Stolperfallen.

Die Aussicht vom Percurso dos Sete Vales Suspensos ist spektakulär – aber verlieren Sie dennoch nicht den unwegsamen Untergrund aus dem Blick!

Wegbegleiter sind Taleinschnitte, schrundig aufgerissene Küstenhügel, natürliche Sinkhöhlen im Fels, die aus Sicherheitsgründen abgesperrt sind, und der tiefblau schimmernde Atlantik, flankiert von rostbraunen und bizarr geformten Klippen. Möwen schweben durch die salzige Seeluft, in die sich die Düfte von Thymian und Wacholder mischen, Mastixsträucher und Agaven säumen den Weg, das Meeresrauschen sorgt für die Begleitmusik.

Tipps & Hinweise: Denken Sie an ausreichend Trinkwasser, Sonnenschutz, Proviant und Badebekleidung – für Badestopps empfehlen sich die Praia de Benagil und/oder die Praia do Carvalho. Feste Wander- oder Sportschuhe sind unabdingbar. Es geht auf- und abwärts, der höchste Punkt des Weges liegt bei 45,50 Metern. Im Sommer kann es für die Wanderung zu heiß werden.

Südwestküste

*

SPEKTAKULÄRE KULISSE

*

Wer Einsamkeit und wilde Natur schätzt, wird den Südwesten mit seiner intakten Küstenlandschaft und den weniger besuchten Stränden und Buchten lieben. Costa Vicentina heißt der untere, Costa Alentejana der obere Teil – Heimat verwegener Muschelsammler, ein Dorado für Surfer und Nistplatz von Störchen auf einzigartigen Felsenthronen.

Die Costa Vicentina – hier die Praia da Cordoama bei Vila do Bispo – ist ein karges, raues und doch traumhaft schönes Naturparadies.

Die touristische Infrastruktur ist einfach, aber es gibt sie: Strandbars an der Praia do Castelejo (oben links) und über der Praia do Amado (unten links und oben rechts).
Carrapateira mit seiner Windmühle (unten rechts) liegt zwar im Inland, ist aber als Surferquartier beliebt. Die nächsten Strände sind nicht weit.

Das Klima, die Natur, der Atlantik, wenig Leute«, zählt Miguel Godinho auf und zieht sein Fazit: »Ich kenne keinen besseren Platz zum Leben.« Ursprünglich stammt der sympathische Kahlkopf aus Zentralportugal, lange war er als Farmmanager im regengesättigten England tätig. In den 1990er-Jahren fand er im eigenen Land das Terrain für eine neue Existenz. »Da standen Lehmhäuser mit eingestürzten Dächern, es gab kein fließendes Wasser und keinen Strom«, erinnert sich Miguel an das 150 Jahre alte Farmgelände beim Dorf Brejão. Er kaufte das Areal, zu dem ein Privatsee gehört, und baute es Stein für Stein zum Landgasthaus um, dem man die Liebe zum Detail ansieht. Cerro da Fontinha heißt die Adresse heute. Das Gros des Energiebedarfs decken eigene

SALZGERUCH HÄNGT IN DER LUFT, AUS DER FERNE ERKLINGT BRANDUNGSDONNER.

Solarkollektoren, denn fünf von sechs Tagen sind hier Sonnentage. »Hier gibt es keine Industrie, die Umwelt soll so wenig wie möglich belastet werden«, sagt Miguel.

Landunterkünfte wie die von Miguel sind kleine Paradiese, Refugien abseits der großen Touristenströme. Typisch Südwesten, wo außerdem alles auf überschaubarem Raum bleibt: wunderbare Strände wie um Vila Nova de Milfontes, Felder und Flussläufe, geruhsame Städtchen wie Santiago do Cacém.

TRAUMHAFT SCHÖNE FERNWANDERROUTEN

Einem kleinen Kern aus Outdoor-Enthusiasten ist es zu danken, dass mit der Rota Vicentina ein Doppel aus traumhaften Fernwanderrouten den Südwesten durchläuft. Gesplittet in den küstennahen »Fischer-Trail« (222 Kilometer) und den »Historischen Weg« im Inland (219 Kilometer, stehen zwischen São Torpes/San-

Mit ungebremster Wucht branden die Atlantikwellen gegen die Costa Vicentina an. Blicke wie dieser bei Zambujeira do Mar öffnen sich Wanderern auf dem Fischer-Trail der Rota Vicentina.

Die Binnenroute der Rota Vicentina, der Historische Weg wie hier bei Aljezur, führt an Weingärten und Feldern entlang.

Die Windmühle von Odeceixe wurde aufwendig restauriert und ist noch voll funktionstüchtig.

Odeceixe empfängt seine Besucher mit freundlichem Flair. Hotelburgen gibt es hier nicht, mehr als drei Etagen lassen die Naturparkbestimmungen ohnehin nicht zu.

Miróbriga

Special

Die alten Römer

Die Ruinen von Miróbriga am Südostrand von Santiago do Cacém belegen, dass sich im Südwesten bereits die Römer wohlfühlten.

»Bis zu 2500 Menschen könnten in Miróbriga gleichzeitig gelebt haben«, mutmaßt Guide José Tiago auf dem Weg zum Ausgrabungskomplex. Die Bewohnerzahl ist ebenso wenig gesichert wie die Annahme, Miróbriga könnte aus keltischer Hand erobert worden sein und als ländliches Sanktuarium gedient haben. »Aus heutiger Sicht deutet mehr auf eine Stadt von gewisser Bedeutung hin«, erklärt José Tiago. Fest steht, dass sich Miróbriga nicht mit der symmetrischen Anlage anderer Römerstädte deckt und dass es im 4. Jahrhundert n. Chr. verlassen wurde.

Erster Höhepunkt des Rundgangs sind die Thermen, die zu den besterhaltenen in Portugal zählen. Die Strukturen der Umkleiden und Badebereiche sind deutlich zu erkennen.

Schon zur Römerzeit besiedelt: Miróbriga

Die Latrine war geselliger Treff, die nahe Brücke führte zum Hippodrom. Zweites Highlight ist der Hauptplatz mit dem benachbarten Tempel.

tiago do Cacém und dem Kap São Vicente so viele Wanderkilometer zur Wahl, dass man damit einige Ferienwochen ausfüllen könnte. Dabei geht es durch den Parque Natural do Sudoeste Alentejano e Costa Vicentina, einen 89 569 Hektar großen Naturpark, in dem jede größere Bebauung untersagt ist.

Selbstläufer sind die Wege aber nicht. Manche Abschnitte führen hoch über der Steilküste durch tiefen Sand, Schatten ist rar, und bei klippennahen Passagen ist wie bei (selten auftretenden) Niederschlägen Vorsicht geboten. Sicherlich wird nicht jeder Urlauber mit Rucksack, Teleskopstöcken und Wanderabsichten anreisen, doch es reicht bereits eine Tagestour auf dem Fischer-Trail, etwa von Zambujeira do Mar nach Odeceixe, um auf den Geschmack zu kommen. Los geht's ...

ZISTROSEN UND STÖRCHE

Salzgeruch hängt in der Luft. Aus der Ferne erklingt Brandungsdonner, der schon Portugals bekanntester Fadosängerin Amália Rodrigues (1920–1999) wie Musik in den Ohren klang; ganz in der Nähe stand ihr einsames Ferienhaus. Blaugrüne Holzpflöcke zeigen den Verlauf des Weges, der sich nach einer Inlandsschleife Richtung Ozean zurückzieht. Dann: kurz an einem Bachlauf entlang, durch einen Pflanzentunnel, flankiert von lila Win-

Der Blick von der mittelalterlichen Festung über Santiago do Cacém vermittelt Beschaulichkeit.

Vila Nova de Milfontes liegt am Mündungstrichter des Rio Mira. Bis Mitte des 20. Jahrhunderts als Hafen bedeutsam, ist das Städtchen zur wärmeren Jahreszeit heute ein beliebtes Ferienziel.

Fluss- und Meerpanorama hat der Vorplatz des kleinen Kastells aus dem 17. Jahrhundert in Vila Nova de Milfontes zu bieten.

In Almograve suchen Urlauber keinen Trubel. Sie kommen wegen des Strands, der über einen Holzsteg durch die Dünen erreichbar ist.

dengewächsen, bis sich das Panorama plötzlich mit Allgewalt öffnet. Wie in einem riesigen Aquarell liegen Klippen und Meer da, in der Tiefe begrenzt vom braungelben Band der Praia da Amália. Keck ragen Felsnasen auf. Möwen bepunkten den Strand.

Es fällt nicht leicht, sich von solchen Anblicken zu lösen, doch die Vielfalt der Natur bleibt Leitmotiv auf dem Trail. Im Sonnenlicht glitzert ein winziger Wasserfall. Wacholdersträucher stehen windgebeugt da. Teppiche aus Mittagsblumen reichen bis an Felsabstürze mit bizarren Formationen. Erika und Grasnelken blühen, Hauhecheln, Meerfenchel, violette Strandlevkojen, Lackzistrosen mit ihren klebrigen Blättern. In der Vogelwelt kommen Basstölpel vor, um Azenha do Mar thronen gewaltige Storchennester auf den Klippen. Ihre Bewohner stellen eine absolute Besonderheit dar, bleiben die Störche doch gewöhnlich ganzjährig hier.

EIN RISKANTER JOB

In manchen Gebieten leben über 75 Prozent der Menschen von der Landwirtschaft. Die Böden bringen Kartoffeln und Salate hervor, Mais, Erdbeeren, Himbeeren. Frisch geschnittene Gladiolen und Blumenfarne gehen in den Export. Dem Hausbedarf dienen Granatäpfel, Walnüsse, Pfirsiche. Nicolau da Costa schwört auf Öko-Obst aus dem eigenen Garten. Beruflich fährt er zweigleisig: Er ist Wanderführer im Naturpark und Entenmuschelsammler. Die Entenmuscheln gelten als Delikatesse und sind äußerst rar. Sie zu finden ist ein riskanter Job.

DAS GRÖSSTE GEFÜHL DER FREIHEIT

Nicolau passiert zu Fuß schwindelerregende Vorsprünge, seilt sich mit Beutenetz und Klingenwerkzeug 50, mitunter 100 Meter tief zu Felsen ab, an denen die Muscheln wachsen.

IN MANCHEN GEBIETEN LEBEN ÜBER 75 PROZENT DER MENSCHEN VON DER LANDWIRTSCHAFT.

»Du darfst keine Fehler machen«, sagt er. Problematisch sei, dass die Ressourcen allmählich erschöpft sind und die Nachfrage schwankt. Warum aber setzt er sich den Gefahren aus?

»Das Meer ist meine Leidenschaft, ich bin regelrecht abhängig davon«, bekennt er freimütig und setzt hinzu: »Entenmuschelsammler zu sein, das gibt mir das größte Gefühl von Freiheit. Doch ich weiß, dass der Ozean der Herr ist, der über mich bestimmt.«

ZUR **SACHE**

Alternativtourismus

ALTES DORF MIT NEUEM LEBEN

Ein Gegengewicht zu Bausünden an der Küste, eine zeitentrückte Oase, ein Musterbeispiel für Alternativtourismus im Hinterland der Algarve: Das ist die Aldeia da Pedralva. In dem einst fast verlassenen Bauerndorf kann man heute Ferienhäuschen mieten.

Nördlich von Vila do Bispo nehmen Verkehr und Besiedlung schlagartig ab. In der Einsamkeit drehen sich Windräder. Es riecht nach Pinien und Eukalyptus. Das GPS leitet einen beim Abzweig von der Landstraße nach Aldeia da Pedralva, das so aussieht wie man sich ein traditionelles Dorf vorstellt. Laternen säumen die Gassen. Bruchsteinpflaster erstreckt sich zwischen kalkweißen Häusern mit roten und blauen Fensterrahmen. Alles wirkt auffallend schmuck und gepflegt.

MIT LIEBE FÜRS DETAIL

Lange Zeit war Pedralva ein gewöhnliches Bauerndorf im Hinterland der Costa Vicentina, unweit der Straße nach Carrapateira. Dann ereilte den Weiler das Schicksal anderer Orte: Mangels Perspektiven suchten die Jüngeren ihr Glück in der Ferne. Die Älteren blieben, starben jedoch nach und nach weg.

Als viele Häuser verfallen waren und nur noch neun Bewohner in ärmlichen Verhältnissen hier lebten, stolperten António Ferreira und seine Frau Filipa zufällig über das Dorf. Werbefachmann António hängte sein Lissabonner Yuppie-Dasein an den Nagel und zog mit seiner Familie in den Süden, um eine Ruine nach der anderen zu kaufen und mit Liebe fürs Detail die architektonische Tradition wiederaufzubauen. Die Ankäufe blieben nicht frei von Komplikationen, denn die Besitze waren teils auf Erben oder Erbengemeinschaften übergegangen. Es mussten mehr als 200 Besitzansprüche abgeklärt werden.

Das Resultat: ein »Slow Village Hotel« mit nunmehr etwa 30 Mietshäuschen – das entspricht mehr als der Hälfte aller Gebäude im Dorf. Es gibt verschiedene Hausmodelle, das größte bietet acht Gästen Unterschlupf.

IM SCHRITTTEMPO RELAXEN

Jedes Objekt ist individuell gestaltet; für die Annehmlichkeiten der Selbstversorgung sorgen Küchenzeilen mit Mikrowelle und Kaffeemaschine. Im Gassengeflecht sind die Wege kurz. Der große Parkplatz liegt am Ortsrand.

Die Klientel ist bunt gemischt: Familien mit Kindern, Paare jeden Alters, Senioren. Menschen, die den Hebel auf Schrittgeschwindigkeit umlegen und von den Anstrengungen des Alltags abschalten wollen. Wo ginge das besser als in dem alten Dorf?

Gemütliche Treffs und behagliche Unterkünfte sorgen für Erholung.

Abendstimmung im Feriendorf Aldeia da Pedralva. Die Wege sind kurz, für einen lauschigen Abendspaziergang lohnen sie sich allemal.

Das andere Feriendorf

Lage und Ausstattung

Die Aldeia da Pedralva ist ganzjährig geöffnet. Der nächste Strand liegt 15 Autominuten entfernt. Beliebt ist das Restaurant €/€€ Sítio da Pedralva, das als Spezialität Kabeljau in Brot (bacalhau no pão) auftischt; im Januar ist es gewöhnlich geschlossen.

Preise

Mietpreise mit schwankendem Niveau, für zwei Personen ab ca. 80 €.

Adresse

Aldeia da Pedralva, Rua de Baixo, Casa Pedralva, Gemeinde Vila do Bispo, Tel. 282 07 78 04

www.aldeiadapedralva.com

Maßstab 1:360.000
0
6km
Costa Vicentina
Parque Natural do Sudoeste Alentejano e Costa Vicentina
Sines
Cabo de Sines
Santiago do Cacém
Mirobriga
Pomar Grande
Bejinhos
Bebeda
Relvas Verdes
Ortiga
Pousada
Barbuda
Ceroa Velha
Praia da Laguna
Paiol
Provença
Chaparral
Castanheiro
Chãos
Vale Miguel
Muda
Arneiro
Praia da Provença
Praia de São Torpes
Praia de Morgavel
Praia d.Oliveirinha
Praia do Burrinho
Barragem de Morgavel
Vale da Roca
Sonega
Vale Manhãs
Porto Covo da Bandeira
Tanganheira
Praia de Aivados
Serra do Cercal
Cercal
Foros de Vale Coelho
Boavista
Casas Grandes
Fonte Santa
Rabo de Lobo
Salgadinho
Catifarras
Portelinha
Lajinha
Ferrenho
Aldeia do Cano
Malhadinha
Malhada do Vela
Foros do Pereira
Brunheiras
Ferraria
Vila Nova de Milfontes
Praia das Furnas
Caldeira
Pinheiro
São Domingos
São Luís
Cova da Zorra
Lagareira
Vale da Beja
Cortinhas
Vale de Agrilhão
Zambujeira
Carrapetos
Zambujeiras
Nova Reguengo Pequeno
Reguengo Pequeno
Troviscais
Monte Novo de Troviscais
Nascedios
Praia de Almograve
Almograve
Medo Tojeiro
Cabo Sardão
Cavaleiro
Fataca
Algoceira
Odemira
Marofanha
Aldeia da Bemposta
Boavista dos Pinheiros
Valas
Daroeiras
Touril
Porto das Barcas
Zambujeira do Mar
Praia da Zambujeira
Cabeça Gorda
Vale de Figueira
Praia do Carvalhal
São Teotónio
Pessegueiras
Asseiceira
Brejão
Vale Juncalinho
Cabeço de Arvoela
Baiona
Odeceixe
Praia de Odeceixe
São Miguel
Monte Nova
Samouqueira
Praia da Samouqueira
Fonte Ferrenha
Azenha
Maria Vinagre
Azia
Bunheira
Rogil
Saiceira
Seromonheiro
Praia da Carriagem
Praia de Monte Clérigo
Carrascalinho
Aljezur
Castelo mourisco
Igreja
Nova
Palmeirinha
Praia da Arrifana
Arrifana
Vales
Vale Formoso
Monte Novo
Vicentina
Canal
Praia da Penedo
Barranco da Vaca
Praia de Vale de Figueira
Chabouco
Monte Novo
Mesquita
Monte Ruivo
Praia do Bordeira
Bordeira
Pontal
Carrapateira
Serra de Espinhaço de Cão
Serra de Monchique
Serra da Brejeira
Monchique
Fóia
Picota
Caldas de Monchique
Alferce
Marmelete
Picos
Casais
Cavaca
Barranco do Milho
Barragem da Bravura
Túmulos de Alcalar (Neolítico megalíticos)
Mexilhoeira Grande
Monte Ruivo
Porto de Lagos
Portimão
Silves
Almarjão
Odelouca
Chiqueiro
Barragem do Funcho
Barragem do Arade
Barragem de Odelouca
São Marcos da Serra
São Bartolomeu de Messines
S.B. Messines
Sabóia
Santa Clara-a-Velha
Pousada de Santa Clara
Barragem de Santa Clara
Daroeira
Pomba
Santana da Serra
Rosal
Algares
Santa Bárbara
Vale de Moinhos
Boieira
Camachos
Totenique
Queimado
Pereiras
Craveiras
Moitinhas
Nave Redonda
Mesquita
Distrito de Beja
Distrito de Faro
Distrito de Setúbal
Ladeira de Cima
Carvalho
Causino
Sapeira
Sêla
Ribeiro de Arade
Gavião de Baixo
Vale Figueira
Funcho
Fuzeiros
Gregórios
Amorosa
Corte Paral
Baião
Brenha
Macheira
Seiceira
Vale Grou
Joios
Estacas
Luzianes
Azinheira
Padrona
Cortes Pereiras
Seladinhas
Serrinho
Monte Arriba
Lajes
Pernão Vaz
Ossonoba (Ruína Rom.)
Corte Malhão
Vigia
Ladeira
Carniceiro
Casas Velhas
Bicada
Aldeia dos Palheiros
Castelão
Favela
São Brás
Almodôvar
Gomes Aires
Alcaria
Santa Pequena
Boavista
Seladinha
Malhão
Santa Susana
Ribeira de Odelouca
Gralha
Vale Fontes
Monte Alto
Zebro
Aguas Frias
Gavião de Cima
Curral
João Andrés
Pico Alto
Santa Margarida
Messines de Baixo
Monte da Charneca
Arneiro
Carrasqueiro
Monte Brito
Estevai
Lentiscais
Ribeira de Alte
Alte
Paderne
Aldeia dos Matos
Gavião
Vale de Figueiras
Montinho
Cerro das Pedras
Chaissa Madriz
Zambujeira
S. Martinho das Amoreiras
Maravilha
Amoreiras
Est. Amoreiras-Odemira
Aldeia das Amoreiras
Garvão
Besteiros
Funcheira
Arzil
Vale de Lobos
Reliquias
Soalheira
Malhão
Monte da Estrada
Vale de Ferro
Ribeira do Salto
Senhora das Neves
Vale Bacias
Colos
Santa Luzia
Corte Preta
Vale de Santiago
Pego do Seixo
Tisnada
Chalé
Monte Velho
Barranco do Bebedouro
Barranco do Calogo
Campo Redondo
Montecos
Ribeira do Seissal
Coelheiros
Caeiros
Casas Novas
Vales
Água Branca
Bicos
Fornalhas
Vale Longo
São Romão de Panoias
Torre Vã
Aldeia dos Elvas
Laborela
Est. Montenegro
Panoias
Est. Panoias
Minas do Montinho
Conceição
Alcarias
Aivados
Ourique
Ourique Estação
Monte Alto
A-dos-Calças
Aldeia dos Grandaços
Castelejo
Cerro da Corte
São Domingos
Vale de Água
Solposta
Foros do Malhão
Foros de Cadouços
Foros do Arneirinho
Foros do Sobralinho
Vale Pereiro
Rata
Foros do Campo
Foros do Monte Novo
Courela
Charnequinha Silveiras
Foros da Caiada
Terrazina
Castelo Velho
Barragem de Campilhas
B.gem Fonte Serne
Alvalade
Sete
Borboleta
Vale Santiago
Faros da Barradinha Nova
Fornalhas Velhas
Outeiro do Negro
Ermidas Sado
Ermidas
Quinta da Corona
Est. Abela
Abela
Cova do Gato
Várzea Nova
Carapeleiro
Mina do Leusal
São Bartolomeu da Serra
Porto Mouro
Canhestros
Aldeia de Ruins
Olhas
Asseiceira
Gasparo
Monte de São João
São João de Negrilhos
Junqueiros
Charnequinha
Aljustrel
Rio de Moinhos
Pinheiro
Alamo
Daroeira
Carapetal
Barragem de Daroeira
Foros de Vale de Água
Reguengo
Fonte Coberta
Messejana
Moinho da Quinta
Cubeiras
Casével
Gregórios
Castelejo
Aldeia de Ruins

WIND UND BRANDUNG

Klippen und Strände, vielfach ungeschützt; Landspitzen, Dünen, Flussmündungen – so sieht das Muster an der Costa Vicentina und der Costa Alentejana aus. Ein Naturidyll mit scharfen Winden und Brandungswellen, frei von Trubel und mondänem Anstrich.

1 Carrapateira

Carrapateira (500 Einw.) mag auf den ersten Blick ein schlichter, weit auseinandergezogener Hinterlandsort sein, wegen seiner Strandnähe empfiehlt er sich aber als Stützpunkt. Alte Piratengeschichten erzählen, dass Leute an der Küste falsche Leuchtfeuer entzündeten, damit Schiffe aufliefen, die sie dann plünderten und sich bereicherten.

AKTIVITÄTEN
In den Küstengegenden um Carrapateira, Amoreira und Amado lässt sich wunderbar wandern. Ideen gibt der Internetauftritt der Fernwanderwege der **Rota Vicentina** (http://rotavicentina.com); relevant sind hier die ergänzenden Rundrouten »Pontal da Carrapateira« (10,3 km) und »Hügel von Carrapateira« (13,1 km).

UNTERKUNFT
Die **€ Pensão das Dunas** (Rua da Padaria 9, Tel. 282 97 31 18, www.pensao-das-dunas.com) vermietet ganzjährig Zimmer und Apartments. Zwischen März und Oktober beträgt der Mindestaufenthalt zwei Nächte.

Tipp

Schön ruhig

Von Zambujeira do Mar in südöstlicher Richtung erreicht man zwei besonders schöne Landunterkünfte, die sich durch Ruhe und rustikales Interieur der Häuschen/Apartments auszeichnen. Nahe Brejão liegt **€€ Cerro da Fontinha** samt kleinem Privatsee. Zur Wahl stehen sechs geschmackvoll hergerichtete Häuschen. Die Gegend lässt sich gut mit Fahrrädern erkunden. Gemütlich einrichten kann man es sich auch in der **€ / €€ Monte da Choça** bei Vale Juncal. Es gibt sorgsam ausstaffierte Apartments, für die das Wasser mit Sonnenkollektoren erwärmt wird. An kühleren Tagen lässt sich der Kamin anwerfen.

Cerro da Fontinha, Tel. 282 94 90 83, www.cerrodafontinha.com; Monte da Choça, São Teotónio, Tel. 283 95 86 26 und 962 60 83 25, http://de.montevivo.com

Praia do Amado; Burgruine über Aljezur; Radler oberhalb der Praia da Arrifana in Aljezur

UMGEBUNG
Zum Surferstrand **Praia do Amado** (siehe S. 93) führt ein Abzweig am südl. Ortseingang. Nordwestl. von Carrapateira ist nach kurzer Fahrt die **Praia da Bordeira** erreicht, die an der Mündung der Ribeira da Carrapateira beginnt. Nicht immer schafft es das Flüsschen bis zum Atlantik; zeitweise formt es kurz davor einen See. Beachwalker können sich ordentlich austoben, Surfer sollten Erfahrung mitbringen. In sicherer Distanz zu den Klippen verbindet eine Piste die Strandparkplätze von Amado und Bordeira – unterwegs warten herrliche Aussichten auf den extrem wilden Küstenabschnitt!
Ein Stück südwärts liegen weitere lohnende Strände, die kleine Anfahrtmühen kosten: **Praia da Barriga, Praia da Cordoama** und **Praia do Castelejo** (schöner Aussichtsparkplatz, Gleitschirmfliegerterrain).

2 Aljezur

Der arabisch klingende Name von Aljezur (3000 Einw.) verweist auf die jahrhundertelange Präsenz der Mauren, die mit der Eroberung durch die Christen 1249 endete. Reste der Burg thronen auf dem Hügel (schöner Ausblick, freier Zugang). Im Umkreis der Agrargemeinde wachsen u. a. Erdnüsse und Süßkartoffeln. Aljezurs Bedeutung für Urlauber ist eher strategischer Natur: als Sprungbrett an die Strände und Station an der Straße Carrapateira–Odemira.

UNTERKUNFT
Solide schläft man im **€ Amazigh Design Hostel** (Rua da Ladeira 5, Tel. 282 99 75 02, www.amazighostel.com).

UMGEBUNG
Es warten mehrere schöne Strände: die von steilen Felsen eingefasste **Praia da Arrifana,** die längere und einsamere **Praia de Vale Figueiras** (auch für Surfer und Bodyboarder), die **Praia de Monte Clérigo** (leicht zugänglich, dahinter bunte Holzhäuschen) und die **Praia da Amoreira** (mit Flussmündung, Dünen).

INFORMATION
Rua 25 de Abril 62, Tel. 282 99 82 29, http://cm-aljezur.pt

3 Zambujeira do Mar

Uniform, aber freundlich zieht sich Zambujeira do Mar (1000 Einw.) oberhalb eines Steilküstenstreifens entlang. Den besten Überblick über

den Hauptstrand mit Sand- und Felsabschnitten gibt das Panoramaplateau bei der Kapelle.

UNTERKUNFT
Der ganzjährig geöffnete € **Camping Villa Park Zambujeira** vermietet auch Apartments und bietet ein Schwimmbecken (Tel. 283 95 84 07, www.campingzambujeira.com); etwas weiter außerhalb befinden sich das mit Studios und Apartments ausstaffierte €/€€ **Monte das Alpenduradas** (Sítio das Alpenduradas, Tel. 913 41 30 91, www.alpenduradas.com) und das Landgut €€ **Herdade do Touril** (Tel. 283 95 00 80, http://herdadedotouril.com).

RESTAURANTS
Gute Auswahl an Einkehrmöglichkeiten befinden sich in der kleinen Fußgängerzone und am Largo Miramar.

UMGEBUNG
Die nächsten Strände in Richtung Süden sind die durch Felswände eingefasste **Praia dos Alteirinhos** (Treppenabstieg, auch von Nudisten genutzt) und die **Praia do Carvalhal** (leicht zugänglich). Im hinteren Strandteil von Carvalhal führt der Fernwanderweg **Rota Vicentina** (Fischer-Trail) vorbei, der weiter südl. über **Azenha do Mar** (Fischerhäuser, Hafenrampe) nach **Odeceixe** verläuft. Einst nutzten Tabak- und Alkoholschmuggler die versteckten Pfade und Bootsanlandepunkte. Mit dem Fahrzeug ist der am Flüsschen Ceixe gelegene Binnenort **Odeceixe** nach einer ausgedehnten Runde durchs Hinterland zu erreichen; Strandziele sind die **Praia de Odeceixe** und **Praia das Adegas.**
Ein Stück nördl. von Zambujeira do Mar schiebt sich das **Cabo Sardão** vor; der Leuchtturm steht in sicherem Abstand zur Steilküste.
Um das Kap herum sind, wie auf dem Fischer-Trail der Rota Vicentina bei Azenha do Mar, die seltenen Klippennester von Störchen zu sehen (nach Möglichkeit ein Fernglas mitbringen!).

INFORMATION
Rua da Escola, Tel. 283 96 11 44, http://turismo.cm-odemira.pt

Praia de Santo André bei Santiago do Cacém; von der Zeit überholte »Familienkutsche«

④ Odemira

Der beschauliche Ort (2000 Einw.) steigt mit weißen Häusern über den Ufern des Rio Mira auf, der sich von hier knapp 35 km weiter bis zum Atlantik schlängelt. Eine Eisenbrücke überspannt den als besonders sauber geltenden Fluss, an dem zur Zentrumsseite hin ein lauschiges Promenadenstück entlangläuft.

AKTIVITÄTEN
Flussaufwärts eignet sich der Rio Mira für einen halb- oder ganztägigen **Kanutrip** in Eigenregie. Boote verleiht Ecotrails (www.ecotrails.pt). Picknick, Trinkwasser, Sonnenschutz und Badesachen nicht vergessen!

UMGEBUNG
Nächstes Strandausflugsziel ist die lang gestreckte **Praia do Almograve** (nordwestl.). Südöstl. liegt der ausgedehnte Stausee **Barragem de Santa-Clara-a-Velha.**

INFORMATION
Avenida Poole da Costa, Tel. 283 32 09 86, http://turismo.cm-odemira.pt

⑤ Vila Nova de Milfontes

Der an den Mündungstrichter des Rio Mira angrenzende, weitläufige Ort (3000 Einw.) hatte bis Mitte des 20. Jh.s als Hafen Bedeutung.

EIN STÜCK NÖRDLICH VON ZAMBUJEIRA DO MAR SCHIEBT SICH DAS CABO SARDÃO VOR.

UNTERKUNFT
Zur Wahl stehen außerhalb von Odemira u.a. der ländliche Ferienhof €/€€ **Quinta do Chocalhinho** (Bemposta, Tel. 283 32 72 80, http://chocalhinho.pt) und in Odemira selbst am nordwestlichen Ortsrand die €€ **Residencial Rita** (Estrada da Circunvalação. Tel. 283 32 25 31).

Heute ist er ein populäres Ferienziel, die Bebauung gleichwohl zum Glück dezent.

SEHENSWERT
Das kleine **Kastell** im Zentrum datiert aus dem 17. Jh., abends ist der Burgvorplatz ein Ort für Romantiker. Die Ortsstrände heißen **Praia da Franquia** und **Praia do Farol;** die dem Auslauf des Mira gegenüberliegende **Praia das Furnas** ist per Bootszubringer erreichbar (oder im Fahrzeug über die Flussbrücke und weiter durchs Hinterland). Ein Stück außerhalb liegt der **Fischerhafen** (*porto da pesca*).

AKTIVITÄTEN
Tipp für eine Tagestour auf dem Fischer-Trail der **Rota Vicentina** TOPZIEL: Auto nahe der Abfahrt zum Fischerhafen parken, dann nordwärts den Markierungen folgen. Wendepunkt ist nach ca. 8 km die **Praia do Malhão.** Typische Dünenvegetation; der Pfad führt an manch spektakulärem Absturz entlang.

UNTERKUNFT
Stilvolle Landunterkunft, ca. 3 km außerhalb, Zufahrt kurz vor Galeado: €€ **Herdade do Freixial** (Estrada de S. Luís, Tel. 963 69 76 80, www.herdadedofreixial.com). Zum ausgedehnten Gelände gehören Wiesen und ein Pool.

Am Cabo Sardão bei Zambujeira do Mar stürzt die Küste steil in die tosende Brandung ab.

RESTAURANT
Unweit des Kastells liegt das **€/€€ Ritual** (Rua Barbosa Viana 4, Facebook-Seite, im Winter geschl.), eine Mischung aus Restaurant und Häppchen-Bar..

UMGEBUNG
Nordwärts wird **Porto Covo** mit seiner Praia Grande als Ferienort vor allem von Portugiesen besucht; der Ort liegt aber bereits in Sichtweite der Raffinerie- und Hafenstadt Sines.

INFORMATION
Rua António Mantas,
Tel. 283 99 65 99,
http://turismo.cm-odemira.pt

6 Santiago do Cacém

Die Geschichte des 6000-Einw.-Städtchens reicht in die Keltenzeit zurück; aus der Ära der Römer datiert das Ruinenareal Miróbriga (siehe S. 85; Di.–So. 9.00–12.30 und 14.00–17.30 Uhr). Lokaler Blickfang ist die mittelalterliche Burg, im Ursprung ein Werk der Mauren, später – nach der Eroberung im 13. Jh. – länger in Händen der Jakobsritter. Zur Festung steigt der historische Ortskern steil an.

SEHENSWERT
Das Kastell und die **Hauptkirche** (Igreja Matriz, 18./19. Jh.; Mo. und sonst über Mittag geschl.) sind auf dem Stadthügel Nachbarn. Das Innere des Gotteshauses ist teilweise mit Schmuckkacheln ausgekleidet; hinter dem Hauptportal überrascht ein großes Relief des Apostels Jakobus als Maurentöter. Tipp für Besucher, die es nach hier oben geschafft haben: Um die Zinnenmauern der **Festung** verläuft ein schöner Aussichtsweg, der den Blick frei gibt bis zum Atlantik. An den Mauermantel stößt ein typisch portugiesischer **Friedhof,** auf dem es mehrstöckige Blöcke mit Einschubfächern und Familiengräber mit Gardinchen vor den Scheiben gibt – kurios! Erweisen Sie den Toten Respekt und beachten Sie das Fotografierverbot.

UNTERKUNFT
Als grundsolide Drei-Sterne-Unterkunft bietet sich das **€/€€ Hotel Dom Nuno** (Av. D. Nuno Álvares Pereira 90, Tel. 269 82 33 25, Buchungen am besten über www.booking.com) mit Pool an.

UMGEBUNG
Orangen- und Quittenbäume, Weinparzellen, Feigen und Kiefern begleiten die Fahrt nordwestwärts von Santiago do Cacém an die Küste. Lohnende Ziele beim Ort Costa de Santo André sind ein langer, von Dünen gesäumter Strand und ein nahe am Meer gelegener See: die **Praia de Santo André** und die **Lagoa de Santo André** (Naturschutzgebiet).

INFORMATION
Rua Condes de Avillez,
Tel. 269 82 53 82,
http://turismo.cm-santiagocacem.pt

JA NATÜR LICH

BRANDUNGSRITT FÜR ANFÄNGER

Die Costa Vicentina gilt in Surferkreisen als heißer Tipp. Besonders beliebt ist die Praia do Amado unweit von Carrapateira: lang, wildromantisch, beidseits von Klippen begrenzt und Anlaufpunkt mehrerer Surfschulen. Fast zwangsläufig geraten Neuaufsteiger hier in den Sog der Faszination Surfen und spüren die Kraft der Elemente erstmals auf einem Surfbrett.

»Die Praia do Amado ist für Anfänger ideal«, sagt der erfahrene Lehrer Ricardo. »Die Wellen brechen früh und rollen sehr lange aus.« Viele Interessierte buchen zunächst einen Tageskurs. Doch reicht ein Tag, um bereits ein Erfolgserlebnis feiern zu können? Davon ist Ricardo überzeugt: »Vorausgesetzt, man ist motiviert und bringt etwas Talent mit.« Die Kurssprache ist Englisch, die Gruppengröße stets überschaubar.

Bevor es ins Wasser geht, wird erst mal auf dem Trockenen geübt.

Ins Wasser geht es nicht gleich. »Erst richtig aufwärmen und dehnen«, mahnt Ricardo. In Trockenübungen demonstriert er den Surfablauf, sieht spielerisch leicht aus: Auf dem Brett liegend nach hinten lugen, die richtige Welle abpassen, und wenn es so weit ist, mit den Händen paddelnd beschleunigen. Nun ein Bein blitzartig nach vorne, angewinkelt aufsetzen, das zweite rasch nachziehen und vor dem anderen aufsetzen. In Duckposition aufrichten, halten. Fertig! Einfach? Dann kommt die Feuer- oder besser Wasserprobe beim Praxistest. Der straft falsches Timing mit Abwürfen – und bringt letztlich den Erfolg, zumindest kurzzeitig. Am Ende kann sich zum Beispiel Friederike aus Berlin für einige Augenblicke auf dem Brett halten und ist wie alle anderen »total begeistert«.

Es gibt diverse Anbieter, darunter das **Amado Surf Camp** (Tel. 927 83 15 68, www.amadosurfcamp.com) und **Fun Ride** (Tel. 967 60 74 80, http://funridesurfcamps.com). Bei den Kursanbietern lassen sich gewöhnlich komplette Paketangebote buchen. Ein Paket kann so aussehen: sechs Kurstage mit je zweimal 1,5 Gruppenstunden täglich, Equipment, Unterkunft und Frühstück. Die Preise variieren saisonal und hängen von der Art des Quartiers ab. Richtpreise: 295 € p. P. im Zeltlager in der Nebensaison, 625 € p. P. in der Privathütte in der Hauptsaison.

Alentejo

WEITES, STILLES LAND

Olivenhaine, Schaf- und Stierweiden, Steppen, Kornfelder und Korkeichen bis zum Horizont – der Begriff der Weite hat im Alentejo eine eigene Dimension. Wer hierher kommt, sucht nicht Highlife, sondern begegnet einer vielerorts stillen, ursprünglichen Region mit Burgen, Weinbau und Städtchen, die so freundlich sind wie die Menschen.

Monsaraz hat ein Stückchen Mittelalter in unsere Zeit herübergerettet. Den besten Überblick über Dorf und Umgebung bietet die Burg.

Mittelpunkt der Altstadt von Évora ist die Praça do Giraldo mit Arkaden, Caféterrassen und der Igreja de Santo Antão von 1557.

Auch der Marmorbrunnen (1571) von Afonso Álvares steht auf der Praça do Giraldo (oben). Évoras Kathedrale am Largo Marquês Marialva hat zwei ungleiche Türme und einen schönen gotischen Kreuzgang (rechts).

Der Aufstieg zur Dachterrasse der Kathedrale wird mit einem herrlichen Blick über Évoras Altstadt belohnt, ein »Freilichtmuseum mit Gassen und Plätzen«, das bereits 1986 von der UNESCO in die Liste des Weltkulturerbes aufgenommen wurde.

Das Friedvolle ist es, was ich im Alentejo liebe; ohne Hektik, fern vom Lärm großer Städte«, sagt Jorge Pereira. Der erfahrene Reiseexperte, der im Aktivtourismus tätig ist, zählt zu den Zuzüglingen in der Region. Der Menschenschlag liegt ihm. »Mag sein, dass die Leute auf den ersten Blick etwas verschlossen wirken, aber dann öffnen sie sich sehr schnell, auch dem Fremden gegenüber«, so Jorge.

JENSEITS DES TEJO

Alentejo, das ist das »Land jenseits des Tejo«, des Flusses, der bei Lissabon in den Atlantik mündet. Eine Region abseits großer Touristenströme, geprägt von ausgedehnten Feldern, die im Osten an Spanien und im Süden an die Algarve grenzt. Bei Fahrten über abgeschiedene Landstraßen kilometerweit keiner Seele zu begegnen, ist hier nichts Ungewöhnliches – das Prädikat »verschlafen« scheint manchmal noch hoch gegriffen.

Im Sommer verbrennt die Erde, dann staut sich die Hitze über den spärlich besiedelten Gebieten auf 40 Grad Celsius und mehr im Schatten – doch den sucht man häufig vergeblich. »Es gibt Zeiten im Jahr, in denen ist der Erdboden grün, zuweilen gelb, dann wieder braun oder schwarz«, so hat der Literaturnobelpreisträger José Saramago (1922–2010) treffend den Wechsel der Farbtöne skizziert. Im Roman »Hoffnung im Alentejo« hat Saramago Großgrundbesitz und Landarbeiterdasein in den Blickpunkt gerückt. Für viele war der Alentejo einst ein Armenhaus Europas, geprägt von Ungleichheit und Rückständigkeit.

DIE FÄDEN DES LEBENS

In Évora, so Saramago, konnte die Vergangenheit ihren Platz bewahren, ohne der Gegenwart den Raum zu stehlen. Wie wahr! Auch in der größten Stadt weit und breit geht das Leben seinen ruhigen Gang, begleitet von kopfsteingepflasterten Sträßchen, Tür- und Fensterumrandungen in Gelb und Ocker, Geschichte auf Schritt und Tritt. Da ist es der Römertempel, in dessen Resten das Stahlblau des Himmels steht, dort der Stadtmauerverbund, der Äquadukt, die Kathedrale und eine Vielzahl weiterer Kirchen.

Makaber empfängt die von Franziskanern begründete Knochenkapelle mit dem Schild »Unsere Knochen warten hier auf eure«. Der Dekor an Gewölben und Wänden setzt sich aus einem Riesenfundus menschlicher Schädel und Skelettstücke zusammen. Gruselige Mosaike, zum Glück frei von olfaktorischen Nebeneffekten. Dennoch macht die vermeintliche Effekthascherei Sinn: Sie soll dem Betrachter die Gleichheit aller Menschen und seine eigene Vergänglichkeit vor Augen halten. So richtig befremdlich wird es jedoch, wenn vom benachbarten Kindergarten Freudengekreisch durch die Fenster dringt …

Die Fäden des Lebens laufen auf der Praça do Giraldo zusammen, benannt nach Évoras Befreier im Mittelalter. Die Eroberung aus maurischer Hand verlief allerdings nicht ganz fair, wie die Legende weiß. Blind in Giraldo verliebt, öffnete ihm die Tochter des Maurenfürsten das Tor, worauf der Auserwählte zum Dank ihren Vater enthauptete. Das Ganze ist bis heute festgehalten im Stadtwappen, samt abgetrenntem Kopf des muslimischen Lokalpotentaten. »In unseren Augen war Giraldo kein Held, sondern einfach ein Räuber«, urteilt Führerin Olga, die ihre

»DAS FRIEDVOLLE IST ES, WAS ICH IM ALENTEJO LIEBE.«

Das 1487 gegründete Kloster São João Evangelista, auch Kloster von Lóios genannt, wurde 1965 zur Pousada umfunktioniert.

30 Kilometer nordöstlich von Évora – und 200 Meter höher – thront Évoramonte mit seinem Castelo über Olivenplantagen.

Der Templo Romano oder Templo de Diana aus dem 1. Jahrhundert n. Chr. ist ungewöhnlich gut erhalten. Mit seinen Säulen aus Granit und Kapitellen aus Estremoz-Marmor gilt er – zusammen mit der Kathedrale – als ein Wahrzeichen Évoras.

Wer in einem der 36 Zimmer der Pousada Convento de Évora übernachtet – viele davon sind ehemalige Mönchszellen –, spürt den Atem der Geschichte.

Special

Megalithkultur

Eine mysteriöse Felsarmee

Im weiten Westen von Évora liegt ein Freilichtmuseum der alten Kultur: der Cromeleque dos Almendres. Gewiss, über den Alentejo verteilen sich etliche Zeugnisse der Megalithkultur, die belegen, dass der Mensch hier seit Jahrtausenden präsent ist. Aber kein anderes Erbe der Vorgeschichte magnetisiert so sehr wie dieser Kromlech in der Einsamkeit.

Am schönsten ist er im Abendlicht, wenn die letzten Strahlen der Sonne über den Steinkreis kriechen. Die Monolithe, die sich auf einer Ost-West-Achse in Ellipsenform weit über das abfallende Gelände ziehen, kommen einer kleinen Armee gleich. Manche Felsblöcke sind knie-, andere übermannshoch, teils mit Flechten besetzt, oben mehrheitlich abgerundet. Kaum mehr zu erkennen sind vereinzelte Gravuren, in die Archäologen astronomische Bezüge interpretiert haben – ein Indiz dafür, dass der Cromeleque dos Almendres als Astralkultstätte gedient haben könnte. Das Geheimnis ist nicht gelüftet.

Magischer Ort: Cromeleque dos Almendres

Die Abendstimmung passt zu dem magischen Ort. Vögel zwitschern in die Stille, eine Brise fährt durchs Blattwerk der Korkeichen. Natur und Kulturerbe in vollendeter Harmonie.

Stadt als »Freilichtmuseum mit Gassen und Plätzen« bezeichnet. Mühelos lassen sich im Abseits der Hauptströme durch das historische Viertel nette Winkel aufspüren – ob mit oder ohne Olga.

Im Alentejo bringt der Wein auf den Geschmack – und das schon im Herzen von Évora. Die Probierstube der Weinroute Rota dos Vinhos do Alentejo wirkt erst etwas nüchtern, ein Eindruck, der – gegen kleine Gebühr – beim Test verschwimmt. Maria Teresa, die für Verkostungen zuständig ist, scheint nicht nur berufsbedingt von den Tropfen zu schwärmen, bei denen die sonnendurchtränkte Reife der Trauben mitschwingt. »Das Charakteristischste unserer Qualitätsrotweine ist für mich das Aroma von roten Wildbeeren«, bringt sie es auf den Punkt. Schwer und körperreich sind die Rotweine. Typische Rebsorten sind Trincadeira und Castelão. Aber auch die frischen, fruchtigen Weißen können sich sehen und schmecken lassen. Wer wissen will, wo welche der mehr als 80 Alentejo-Kellereien für Besucher öffnet, braucht nur zu fragen. Rund um Estremoz, Borba, Vidigueira und Reguengos de Monsaraz gibt es gute Adressen.

Alentejo-Wein trägt eine geschützte Herkunftsbezeichnung, die Lese startet extrem früh, oft Anfang August. »Für die höherwertigen Weine, die Reservas,

Weites Land, wenig Besiedelung – der Alentejo bietet beste Bedingungen für einen Urlaub im Sattel.

Wegen seiner Lage am Rio Guadiana war Mértola schon in vorrömischer Zeit ein bedeutender Handelsplatz.

Viele Strommasten im Alentejo sind mit Storchennestern besetzt.

»Es gibt Zeiten im Jahr, in denen ist der Erdboden grün …« Trotz großer Sommerhitze gilt der Alentejo, hier bei Serpa, als eine der fruchtbarsten Regionen Portugals.

ÜBER STOCK UND STEIN FÜHREN ALTE WEGE VORBEI AN KORKEICHEN, SCHAFEN, OLIVEN- UND FEIGENBÄUMEN.

stampfen wir die Trauben noch mit den Füßen«, versichert Önologin Patrícia beim Besuch einer Kellerei südwestlich von Beja. Überraschend auch, dass Patrícia Weinbauern kennt, die »ausschließlich über Nacht« lesen – und weiß, in welche Kehlen die Alentejo-Weine letztlich fließen. Es sind nicht nur portugiesische oder deutsche. Zu den Hauptabnehmerländern zählen Brasilien und Angola – darauf hätte man wohl nicht gewettet.

MARMOR UND KUPFER

Wovon die Menschen sonst noch leben im Alentejo? Korkgewinnung, Olivenmühlen, Viehzucht, Solarparks, ein bisschen Landhaustourismus und Kunsthandwerk. Aus Reguengos de Monsaraz und Mértola kommen handgewebte Decken, aus Arraiolos handgestickte Teppiche. Und das seit dem Spätmittelalter, als König Manuel I. die Mauren aus Lissabon vertreiben ließ. Auf ihrem Weg nach Nordafrika und Südspanien ließen sich einige von ihnen in Arraiolos nieder, setzten die Kunst des Teppichstickens fort und begründeten die sorgfältig gepflegte Tradition des Ortes.

Stützpfeiler der Wirtschaft um Vila Viçosa, Borba und Estremoz ist der Marmorabbau. Das »weiße Gold«, das auch rosa, grau oder grün sein kann, dient seit langer Zeit dazu, Palästen, Kirchen und Badezimmern in aller Welt Stil und Kühle zu verleihen. Dass Landstädtchen nicht auf ewig arm und vergessen sein müssen, beweist Castro Verde. Ende der 1970er-Jahre stieß man in der Nähe auf Kupfer, heute ist das dortige Kupferbergwerk eines der größten Europas und gibt vielen Menschen Arbeit. Deswegen bleibt Castro Verde in Zeiten wirtschaftlicher Krisen gewöhnlich außen vor. Zumindest solange Nachfrage herrscht und Mutter Erde Nachschub abwirft.

WELTKULTURERBE GESANG

Und was machen Alentejanos in ihrer Freizeit? Sie singen gern. Zumindest in Gebieten wie um Beja und Serpa. Bekannt ist dort der *Cante Alentejano*, ein A-cappella-Gesang, der in Gruppen angestimmt wird. Die Männer sind in der Mehrzahl, die Melodien getragen, die Sänger schreiten oft ineinander untergehakt voran. Hervorgegangen sind die Lieder aus Gesängen der Landarbeiter. Themen sind deren Alltag, Heilige, die Landschaft, die Liebe. Über die Region verteilen sich heute mehr als 150 Chöre, die fest in ihrer lokalen Identität verwurzelt sind. Der *Cante Alentejano* steht auf der Liste des Immateriellen Weltkulturerbes der UNESCO und findet sich in guter Begleitung des für Portugal deutlich bekannteren Fado.

Malerisch thront das mittelalterliche Dörfchen Monsaraz mit seinen weiß gekalkten Häusern auf einem Hügel über den Weiten des Alentejo und der Barragem de Alqueva.

In der geschäftigen Unterstadt von Estremoz trifft man sich an der Praça do Marquês de Pombal, von den Einheimischen kurz Rossio genannt.

ZWISCHEN HIMMEL UND ERDE

Der Alentejo bringt aber auch Aktivurlauber in Schwung, zu Wasser, zu Land und in der Luft. Lust auf einen Nervenkitzel? Dann auf zur Fallschirmsprungschule Sky Dive Portugal im Aerodrom von Évora. »Der Vorteil hier im Alentejo ist: Man kann ganzjährig springen und hat kein Gebirge in der Nähe. Das Klima bringt meist viel Sonne und nur leichte Winde«, erklärt Fallschirmspringer-Veteran Mario Pardo. Wer den »Premium«-Tandemsprung aus etwa 4500 Meter Höhe bucht, sieht einem Patchwork aus Feldern und Korkeichenweiten und einer Freifallzeit von 65 Sekunden entgegen. »Wenn du oben aussteigst, glaubst du, du stirbst. Aber nach drei Sekunden im freien Fall bist du richtig relaxed«, bereitet Tandemlehrer João seine Anhängsel auf den Kick vor und setzt hinzu: »Die einzige Gefahr ist, dass du süchtig wirst und wieder und wieder springen willst.« Kaum zurück auf dem Boden mit dem Fluggast aus Deutschland, wendet er sich einem US-Greenhorn zu, um zum sechsten Mal an diesem Tag in die Luft zu gehen. Unfallfrei, versteht sich ...

WASSER IST KNAPP UND KOSTBAR IM ALENTEJO.

Wer es weniger extrem liebt, der schnürt zur erträglicheren Jahreszeit – also nicht im Sommer – die Wanderschuhe. Alternativen sind Schwünge aufs Pferd oder Rad. Schönes Mountainbiketerrain ist die Serra de Grândola, wo Rampen mit bis zu 20 Prozent Steigung selbst Cracks ins Schwitzen bringen.

KÜNSTLICHER SEEGIGANT

Wasser ist knapp und besonders kostbar im Inland des Alentejo. Kein Weinberg kommt in der Sommerglut ohne Bewässerungsanlage aus. Mehrere Stauseen wie Alvito und Santa Clara nehmen die Regenfälle der Wintermonate auf, das größte aller künstlich angelegten Gewässer staut im Grenzgebiet zu Spanien

Der um 1250 gegründete Convento de Nossa Senhora do Carmo in Moura ist das älteste Karmeliterkloster Portugals.

Bejas ehemaliges Klarissenkloster Nossa Senhora da Conceição aus dem 15. Jahrhundert zeigt manuelinische Stilelemente. Der mit prächtigem Azulejoschmuck ausgestattete Kreuzgang ist heute Bestandteil des Regionalmuseums.

Einen Abstecher wert ist das 30 Kilometer südöstlich von Beja liegende Städtchen Serpa, das auch für Chöre des *Cante Alentejano* bekannt ist.

Wer sich vom Häusermeer der Vororte nicht abstoßen lässt, findet in Beja, Distrikthauptstadt des südlichen Alentejo, eine hübsche Altstadt mit engen Gässchen, die zur Praça da República führen.

den Rio Guadiana auf einer Länge von 80 Kilometern: die Barragem de Alqueva, ein Gigant in durchdringendem Blau, 250 Quadratkilometer groß, mit einer Uferlänge von über 1100 Kilometern und bis zu 70 Meter tief. Ein Stück geflutetes und gleichzeitig versunkenes Portugal, kurz nach der Jahrtausendwende fertiggestellt.

»Wasser und Touristen, das war für uns neu in der Gegend«, sagt Kapitän Humberto, der nahe der Staumauer auf Bootsrundfahrt geht. Unterwegs springen Fische. Entengeschwader steigen mit kurzen Flügelschlägen auf. Korkeichen und Oliven drängen ans Ufer. Grün besetzte Inselchen ragen wie Tarnhelme empor. Felsen und Baumstrünke werfen ihre Spiegelbilder ins Wasser. In einem Seitenarm stellt Humberto den Motor für eine Weile aus, um dem Klang der Stille zu lauschen, wie er sagt.

METROPOLE DER EINSAMKEIT

Stille Winkel finden sich überall im Alentejo. In Orten wie Moura, rund um Burgmauern wie in Estremoz und Mértola. Ein monumentaleres Gepräge fährt Vila Viçosa mit dem Herzogspalast auf. Beja wirkt trotz seines bescheidenen Kerns fast wie eine Metropole in der Einsamkeit. Dann wieder fühlt man sich von abgeschiedenen Dörfern wie Monsaraz wohlig geschluckt. Leuchtend weiße Kamine ragen aus dem Rostbraun der Ziegeldächer, in engen Gassen stehen Blumentöpfe neben den Häusern. Wäsche ist aufgeleint, das unebene Pflaster bohrt sich in die Schuhsohlen.

Beim Spaziergang durch so manche Festungsruine fragt man sich angesichts ungesicherter Mauerabstürze: Haben die Eurokraten, die gelegentlich über der Maximallänge von Schnullerketten und dem Fassungsvermögen von Kondomen brüten, immer noch keine EU-weite Einheitsnorm zur sicheren Begehung von Burganlagen auf den Weg gebracht?

Falls doch: Egal.

Manchmal scheint Brüssel sehr weit weg zu sein von Südportugal. Und das ist auch gut so.

Kork

FÜR FISCHERNETZE UND CHAMPAGNER

Korkeichen sind ständige Wegbegleiter im Hinterland. Alle neun Jahre werden sie von routinierten Händen geschält, die Ausbeute ist vielseitig verwendbar: als klassische Flaschenkorken, als Isoliermaterial, als Grundlage für Mode und Kunsthandwerk.

Nicht nur Handtaschen, auch Brillenetuis oder Krawatten, ja sogar Hochzeitskleider werden aus Kork hergestellt.

Wenn die heißeren Monate heraufziehen in Portugals Süden, wenn die Sommerglut über dem Alentejo und dem Hinterland der Algarve steht, dann schlägt die Stunde der Korkeichenschäler – nicht etwa muskelbepackte Jungspunde, nein, oft Ältere mit viel Know-how. Das Schälen ist keine Kraftangelegenheit, sondern Kunst. Statt Maschinen kommen ausschließlich Hände zum Einsatz, ausstaffiert mit Äxten, die im unteren Teil des Stammes die Rinde spalten. Mit Bedacht und Geschick.

ALLES BRAUCHT SEINE ZEIT

Einem erfahrenen Abschäler gelingt es, Riesenplatten zu lösen und pro Tag Dutzende Korkeichen von ihren knorrigen Mänteln zu befreien. Sind die Stämme geschält, verfärben sie sich bald von Honigtönen ins Orange. Sofort nach dem Schälen erhalten sie ihre weiße Pinselmarkierung mit der Jahreszahl. Dann gönnt man ihnen neun Jahre Ruhe, bis genügend Kork nachgewachsen ist, denn in der Welt des Korks braucht alles seine Zeit. So beginnt eine Korkeiche auch erst nach vier Jahrzehnten, Qualitätskork abzuwerfen. Dafür können die Bäume ein stolzes Alter von über 150 Jahren erreichen.

EINE URALTE BEZIEHUNG

Mensch und Kork stehen in einer uralten Beziehung zueinander. »Seit bereits 5000 Jahren kennt der Mensch die Verwendungsmöglichkeiten des Korks und nutzt ihn für die Herstellung verschiedenster Utensilien«, heißt es in der Korkabteilung des Heimatmuseums von São Brás de Alportel. Warmhaltegefäße und Schöpflöffel waren schon länger bekannt, doch ab der Mitte des 19. Jahrhunderts setzte in Südportugal die Expansion der industriellen Verarbeitung von Kork ein. Handelspioniere waren damals ursprünglich Eselstreiber, die Kork aus dem Alentejo an die Algarve transportierten und dort Fischern verkauften, die Bojen daraus herstellten. Entscheidend für den Aufschwung war jedoch die Nachfrage aus dem Weinhandel, was gut bezahlte Berufe wie Pfropfenmacher und Quadratabschneider hervorbrachte.

Links: Bedächtig lösen erfahrene Korkeichenschäler riesige Rindenplatten am Stück vom Stamm.

Oben: Der abgeschälte Kork wartet auf den Abtransport.

HOCHZEITSKLEID AUS KORKLEDER

Im Laufe der Zeit verästelten sich Verwendungszwecke und Absatzmärkte immer weiter. Weinflaschenkorken blieben zwar die Klassiker, doch Frankreich brauchte zusätzlich dicke Champagnerkorken; aus Nordamerika und Nordeuropa verlangte man nach Kork für die Wärmedämmung von Häusern. Überdies hielt das Naturmaterial Einzug in die Herstellung von Badminton-, Golf- und Baseballbällen, von Griffen für Nordic-Walking-Stöcke, Fußbodenbelägen, Automotoren, orthopädischen Schuheinlagen ... Heutzutage werden

SEIT 5000 JAHREN KENNT DER MENSCH DIE VERWENDUNGSMÖGLICHKEITEN DES KORKS UND NUTZT IHN FÜR VERSCHIEDENSTE UTENSILIEN.

Im Heimatmuseum in São Brás de Alportel ist dem Kork eine eigene Abteilung gewidmet.

auch Abnehmer im Kunsthandwerk und Modebereich bedient, was langwierige Umwandlungsverfahren von Kork in Korkleder erforderlich macht. Designertaschen, Portemonnaies und Brillenetuis entstehen aus der Eichenrinde, Serviettenringe, Bilderrahmen, sogar Visitenkarten, Krawatten, Regenschirme, Hüte, Kappen oder Hochzeitskleider. Der Fantasie sind keine Grenzen gesetzt.

Südportugal hat sich beim Kork auf dem Weltmarkt etabliert, Konkurrenz kommt aus Spanien und Marokko. Obgleich die Korkproduktion stark mechanisiert worden ist und der abgeschälte Kork nicht mehr auf Eselsrücken, sondern mit Lastwagen transportiert wird, hat sich die »Komponente Mensch« in Traditionsbetrieben erhalten: beim anfänglichen Kochen des Korks und bei der Handauslese in gute und mindere Qualität. Aus Letzterer gehen Granulate hervor, die nach Pressvorgängen und Mischungen als Zweite-Wahl-Korken auf Weinflaschen landen. Wetten, dass Besucher eines Korkbetriebs in Zukunft eine Weinflasche mit anderen Augen öffnen?

EIN NATIONALSYMBOL

»Wir sind zwar noch nicht so weit wie Kanada mit dem Ahornblatt in der Flagge, doch die Korkeiche ist in Portugal Nationalsymbol und wichtig für die Identifikation«, sagt Sofia Carrusca, bei der sich Kork wie ein roter Faden durchs Leben zieht. »In meiner Grundschule in São Brás de Alportel waren Teile des Klassenzimmers mit Kork verkleidet, später an der Algarve-Universität in Faro gab es Zimmerdecken aus Kork«, erinnert sie sich. Dann gründete Sofia das touristische Kleinunternehmen Algarve Rotas, das das Kork- als wichtiges Kulturerbe herausstellt. Und das ist überall präsent, so auch auf der Strecke, die nördlich von São Brás de Alportel durch die Eichenwälder der Serra do Caldeirão führt. Mit Kork kennt sich Sofia also bestens aus. Reden Insider vom »Rücken«, meinen sie die äußere Rinde der Korkeiche, erklärt sie. Als »Magen« bezeichnen sie das Innere.

Bleibt noch die Frage, warum die Bäume nur zur heißen Jahreszeit geschält werden. Sofia kennt den Grund: »Im Winter wäre das unmöglich. Dann klebt der Magen wegen der natürlichen Harze zu sehr am Stamm.«

Alles über Kork

Die mit der Lokalgeschichte verknüpfte Korkabteilung ist in einem Nebengebäude des Volkskundemuseums von São Brás de Alportel untergebracht.
Mo.–Fr. 10.00–13.00, 14.00–17.00 Uhr, Sa., So. nur 14.00–17.00 Uhr; Museu do Traje, Rua Dr. José Dias Sancho 61, **www.museu-sbras.com**

Algarve Rotas mit Sitz in São Brás de Alportel organisiert »Korktouren« inklusive Betriebsbesichtigung sowie Workshops; Tel. 965 56 11 66, **www.algarverotas.com**

Bis zu 150 Jahre alt kann eine Korkeiche werden. Erst nach 40 Jahren beginnt sie, Qualitätskork abzuwerfen.

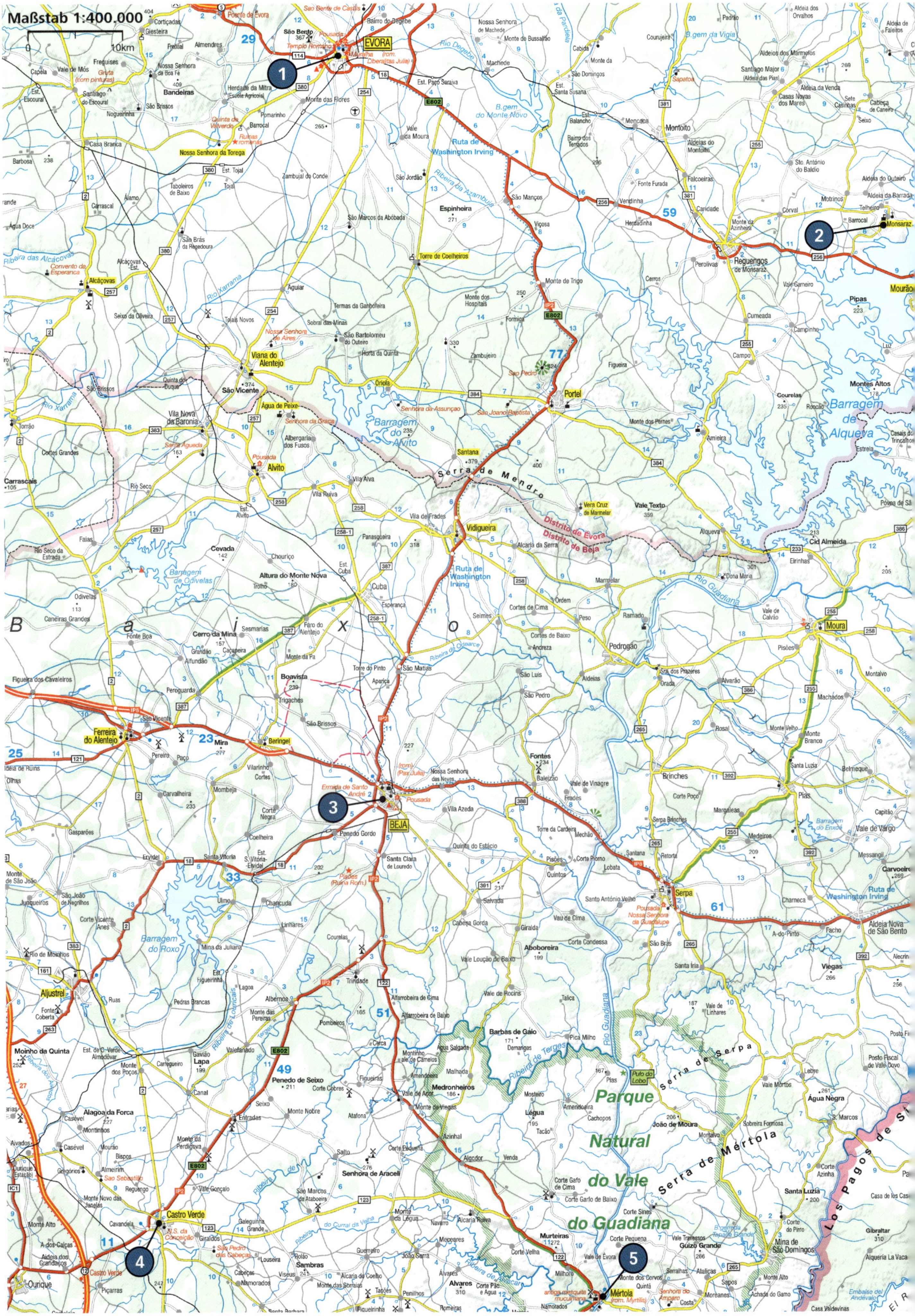

Maßstab 1:400.000
0
10km
Évora
Monsaraz
Reguengos de Monsaraz
Mourão
Barragem de Alqueva
Viana do Alentejo
Alcáçovas
Portel
Vidigueira
Serra de Mendro
Distrito de Évora
Distrito de Beja
Baixo
Moura
Beja
Ferreira do Alentejo
Serpa
Aljustrel
Castro Verde
Ourique
Mértola
Parque Natural do Vale do Guadiana
Serra de Serpa
Serra de Mértola
Rio Guadiana
Barragem do Roxo
Barragem do Alvito
Ruta de Washington Irving
Los Pagos de Sí
1
2
3
4
5

HISTORISCH WERTVOLL

Der Alentejo überrascht überall. Städte wie Évora, Monsaraz oder Mértola haben seit dem Mittelalter überdauert – oder noch länger. Für Entdeckungen im Land der weiten Horizonte ist ein eigener fahrbarer Untersatz unerlässlich.

1 Évora

Die Stadt (47 000 Einw.) war bereits unter den Römern bedeutsam und besaß seinerzeit eine 1,2 km lange Stadtmauer, die im Spätmittelalter die dreifache Länge erreichte. 715 nahmen es die Mauren ein, 1165 erfolgte die Rückeroberung durch Giraldo und 1559 wurde die Universität gegründet.

SEHENSWERT

Das Turmensemble der in romanisch-gotischem Stil begonnenen **Kathedrale** (Sé; tgl. 9.00 bis 17.00 Uhr, www.evoracathedral.com) hebt sich schon aus der Ferne ab. Vom Vorplatz führt eine breite Treppe zum Figurenportal mit den Aposteln. Der Marienaltar im Hauptschiff zeigt eine Skulptur der Gottesmutter mit der Leibesfrucht (15. Jh.). Blickfänge sind die Orgel (16. Jh.) und der mit Marmor ausgetäfelte Altarraum samt Bischofsstuhl und Kuppeldekoration, lohnend ist der Zutritt zum Kreuzgang (14. Jh.; mit Orangenbäumen) und ins Museu de Arte Sacra (siehe Museen) sowie der Aufstieg aufs Dach der Kathedrale. Dort oben bieten sich wunderbare Ausblicke.

Stark restauriertes Figurenportal der Kathedrale von Évora (oben links, rechts oben, auf dem Dach der Kathedrale). Rechts unten: Capela dos Ossos in Évora.

Kurze Wege führen vom Dom zur Universität und zum **Templo Romano,** den freistehenden Resten eines Römertempels (1. Jh. n. Chr.) mit wuchtigen Säulen und Kapitellen.

Fixpunkt in **Évoras Altstadt** TOPZIEL ist die **Praça do Giraldo** mit Renaissancebrunnen, Arkaden und **Igreja de Santo Antão** (16. Jh.). Die spätgotische **Igreja de São Francisco** erhebt sich am Largo 1° de Maio; daneben geht es in die Knochenkapelle, die **Capela dos Ossos** (17. Jh.; Sommer tgl. 9.00–18.30, sonst 9.00 bis 17.00 Uhr; http://igrejadesaofrancisco.pt) mit Überresten von etwa 5000 Menschen; das Ticket erlaubt zudem den Zugang ins Museum sakraler Kunst und zu einer Krippensammlung. Sehenswert ist auch die bei der Pousada Convento de Évora gelegene **Igreja dos Lóios/ São João Evangelista** (Ursprung 15. Jh.), die als »eine der schönsten Privatkirchen in Portugal« gilt – sie entfaltet mit der Flut der Azulejos eine grandiose Wirkung. Außerhalb der Stadtmauer schiebt sich das Ende des 18 km langen **Aquädukts** (1532–1537) heran.

MUSEEN

Im Innern der Kathedrale führt ein separater Zugang ins **Museu de Arte Sacra** (Di.–So. 9.00–16.00 Uhr) mit sakraler Kunst und einer mutmaßlichen Reliquie des Christuskreuzes. Das **Museu de Évora** (auch: Museu Nacional Frei Manuel do Cenáculo), das am Largo Conde de Vila Flor gelegene Stadtmuseum, besitzt interessante Abteilungen für Archäologie und die Schönen Künste (Nov.–März Di.–So. 9.30 bis 13.00 und 14.00–17.30, April–Okt. Di.–So. 10.00 bis 13.00 und 14.00–18.00 Uhr).

AKTIVITÄTEN

Im Besucherzentrum der Alentejo-Weinroute **Rota dos Vinhos do Alentejo** Degustation von 4 Weinen für 5 € und Verkauf (Rua 5 de Outobro 88, www.vinhosdoalentejo.pt; Mo.–Fr. 10.00–13.00 und 14.00–17.30 Uhr). Ein Stück südöstlich der Stadtgrenze liegt das Aerodrom von Évora, Sitz der Fallschirmsprungschule **Sky Dive Portugal** (Tel. 256 87 80 86 und 910 99 99 91, http://skydiveportugal.pt).

UNTERKUNFT/RESTAURANTS

Freundlich, elegant und etwas außerhalb der (zu Fuß gut zu erreichenden) Altstadt gelegen ist das **€/€€ Hotel Vitoria Stone** (Rua Diana de Lis 5, Tel. 266 70 71 74, www.vitoriastonehotel.com); mit Restaurant, Lobby-Bar, Pool, schöner Dachterrasse.

Eine moderne Note pflegt Küchenchef Joaquim Almeida im **€€€ Restaurante Dom Joaquim**

Tipp

Übernachten in der Klosterzelle

In Évoras Altstadt pflegt die Pousada Convento de Èvora ihre Geschichte, die Ende des 15. Jh.s als Kloster begann. Heute sind die Mönchszellen zu Hotelzimmern umfunktioniert, auch die langen Gänge und der vormalige Kapitelsaal erinnern an die Ursprünge. Ein Freiluftpool ergänzt das historische Flair.

€€€ Pousada de Convento de Èvora, Largo Conde de Vila Flor, Évora, Tel. 266 73 00 70, www.pousadas.pt

(Rua dos Penedos 6, Tel. 266 73 11 05, http://restaurantedomjoaquim.pt; So. und Mo. geschl.). Herzhafte Alentejo-Küche nahe dem Hauptplatz, serviert in rustikalem Flair, gibt es im **€/€€ Restaurante Café Alentejo** (Rua do Raimundo 5, Tel. 266 70 62 96, http://restaurantecafealentejo.com; So. und Mo. geschl.).

UMGEBUNG
Der zwischen Jungsteinzeit und Kupferzeit entstandene **Cromeleque dos Almendres** (siehe »Special«, S. 99) **TOPZIEL** befindet sich knapp 20 km westl. von Évora; Anfahrt über den Ort Guadalupe, die letzten Kilometer auf einer Piste. Hinter Guadalupe lohnt der **Menir dos Almendres** einen Stopp. Der 4 m hohe Menhir thront einsam in einem Olivenhain und ist nach kurzem Fußweg erreicht. Der Megalithkultur wird auch ein Dolmen bei **Valverde** (12 km südwestl. von Évora) zugerechnet. Etwa 20 km nordwestl. von Évora geht es in den historischen Teppichstickerort **Arraiolos.** Auf der Fahrt nordostwärts ins knapp 50 km entfernte Estremoz passiert man das Burgdorf **Évoramonte.** Über **Estremoz** erhebt sich der Wehrturm des 1258 begonnenen Kastells; Unterkunft auf der Burg bietet die **€€/€€€ Pousada Castelo Estremoz** (Largo de D. Diniz, Tel. 268 33 20 75, www.pousadas.pt). Bei Estremoz öffnet die Weinkellerei Herdade das Servas auf Reservierungsanfrage ihre Pforten (Tel. 268 32 29 49, http://herdadedasservas.com); über die übliche Kombination aus Kostprobe und Besuch hinaus ist während der Weinlese im September ein Traubenstampfen möglich. Außerdem gehört das Städtchen zum Marmorgebiet, das sich bis **Borba** (mit dem Marmorbrunnen Fonte das Bicas, 18. Jh.) und **Vila Viçosa** erstreckt. Der alte Herzogspalast (Paço Ducal; 16./17. Jh.) unterstreicht dort die Macht des Hauses Bragança allein schon durch seine 110 m breite Fassade (Führungen Di. 14.00 bis 17.00, im Sommer bis 18.00, Mi.–So. 10.00 bis 13.00 und 14.00–17.00 Uhr; letzter Einlass immer 1 Std. vorher; www.fcbraganca.pt).

DER ALTE HERZOGSPALAST IN VILA VIÇOSA UNTERSTREICHT DIE MACHT DES HAUSES BRAGANÇA.

INFORMATION
Praça do Giraldo 73, Tel. 266 77 70 71, www.cm-evora.pt, www.visitevora.net

2 Monsaraz

Das auf einem Hügel thronende, weithin sichtbare Monsaraz (650 Einw.) zählt zu den besterhaltenen mittelalterlichen Orten im Alentejo.

SEHENSWERT
Die Reste der **Burg** (13. Jh.; frei zugänglich) geben schöne Blicke über den Steinort und

Deckenmalerei im Regionalmuseum Beja; Teppichstickerin in Arraiolos; Windmühle in Castro Verde

den nahen Alqueva-Stausee frei. Mauerverbund und Kirchplatz runden die Eindrücke ab.

UNTERKUNFT
Eine freundliche Landhausunterkunft ist die **€€/€€€ Horta da Coutada** (Tel. 967 76 63 39, http://hortadacoutada.pt).

UMGEBUNG
Südöstl. und südl. stecken **Mourão** (mittelalterliche Burg) und der historische Thermal- und Kirchenort **Moura** das Gebiet des riesigen **Alqueva-Stausees** ab; Grande Lago, »Großer See«, wird er genannt. Bootsausflüge starten an verschiedenen Punkten wie der Praia de Monsaraz (Alqueva Cruzeiros, Tel. 961 27 92 70, http://alquevacruzeiros.pt).

3 Beja

In Beja (25 000 Einw.), heute wichtiges Zentrum der Landbevölkerung, war bereits im Eisenzeitalter der Mensch präsent. Unter den Römern hieß die Siedlung Pax Julia.

SEHENSWERT
In der Altstadt führen die Wege der Besucher zur **Praça da República** (mit kreuzgekrontem Pranger), **Kathedrale** (Azulejos) und **Burg** (14. Jh.; tgl. 9.30–12.00, 14.00–17.15 Uhr). Der 40 m hohe Hauptturm (Torre de Menagem) ist besteigbar. In der Rua de Lisboa liegt die **Ermida de Santo André**, ein interessantes, kalkweißes Kirchlein mit Ursprung im Spätmittelalter.

MUSEEN
Im **Convento Nossa Senhora da Conceição** (15. Jh.; Largo da Conceição; Di.–So.10.00 bis 12.30, 14.00–17.30 Uhr; www.museuregionaldebeja.pt) sind Klosterkirche, Gemäldesammlung, Kreuzgang und Kapitelsaal mit überbordender Temperamalerei aus dem 18. Jh. als Regionalmuseum (Museu Regional de Beja, auch: Museu Rainha D. Leonor) eingerichtet. Unweit der Burg ist die **Igreja de Santo Amaro** heute Museum zur westgotischen Kultur (Rua do Sembrano; Di.–So. 10.00–12.30 und 14.00–17.30 Uhr).

UNTERKUNFT/RESTAURANTS
Stil und Klasse haben Zimmer und Restaurant der **€€ Pousada Convento Beja** (Largo D. Nuno Álvares Pereira, Tel. 284 31 35 80, www.pousadas.pt), ursprünglich Franziskanerkloster, später als Sitz eines Infanterieregiments zweckentfremdet. Ca. 25 km südwestl. von Beja eignet sich das einsame Landhotel **€€ Vila Galé Collection Monte do Vilar** (Herdade da Figueirinha, Santa Vitória, Tel. 284 24 00 30, www.vilagale.com; Anfahrt ab Albernôa) gut für Ruhesuchende. Neben Restaurant, Freiluftpool und weiten Außenanlagen gibt es einen Zusatzanreiz: In fast unmittelbarer Nachbarschaft öffnet das Weingut **Casa de Santa Vitória** seine Tore für Besucher (Tel. 284 97 01 70, www.santavitoria.pt; Führungen und Kostproben, im Regelfall täglich).

UMGEBUNG
Burgausflügler zieht es nordwestl. nach **Alvito** (Pousada der Preiskategorie €€, Tel. 284 48 07 00, www.pousadas.pt) und südöstl. nach **Serpa.** Etwa 70 km westl. kann man in der **Serra de Grândola** einen Gebirgszug mittleren Schwierigkeitsgrads mit dem Mountainbike erkunden. Geführte Touren mit Passeios e Companhia (Tel. 269 47 67 02, http://passeiosecompanhia.com).

INFORMATION
Im Burghof, Tel. 284 31 19 13, http://cm-beja.pt

4 Castro Verde

Willkommene Zwischenstation: das Städtchen Castro Verde (5000 Einw.). Ornithologen ist das

Umland wegen seltener Vögel, vor allem der Großtrappen, ein Begriff.

SEHENSWERT

Im oberen Stadtteil liegt die **Basílica Real de Nossa Senhora da Conceição** (Di.–So. 10.00 bis 13.00 und 14.00–17.30 Uhr) mit großformatigen Azulejos-Szenen (18. Jh.) im Innern; Thema ist die Schlacht von Ourique, bei der 1139 Portugals erster König Afonso Henriques die Mauren besiegte. Der Stolz des winzigen **Sakralmuseums** ist die Kopfreliquie von Papst Fabianus (Fabião), der im 3. Jh. lebte; die Silbereinfassung entstand um 1300. Nicht minder erstaunlich ist das **Museu da Lucerna** (Largo Victor Guerreiro Prazeres; Di.–So. 10.00 bis 12.30, 14.00–17.30 Uhr) mit seiner exzellenten Sammlung römischer Öllämpchen, zum Teil verziert mit Göttermotiven. Die restaurierte Windmühle (Moinho de Vento) liegt am Largo da Feira.

INFORMATION

Rua D. Afonso I, Tel. 286 32 81 48, www.cm-castroverde.pt

5 Mértola

Burg und Altstadt lohnen den Stopp in Mértola (3000 Einw.), in Vorrömerzeit ein bedeutsamer Hafen- und Handelsplatz am Guadiana, im Mittelalter ein wichtiges Zentrum der Mauren und später Sitz des Ritterordens von Santiago.

SEHENSWERT

Imposant legt sich das **Kastell** (Di.–So. 9.15 bis 12.30 und 14.00–17.15 Uhr) über den Stadthügel und lädt zu Mauerspaziergang und Besuch des Hauptturms (Torre de Menagem; 13. Jh.) ein. Am Aufstiegsweg zur Burg liegt die blendend weiße **Igreja Matriz** (Di.–So. 9.15–12.30 und 14.00–17.15 Uhr), eine Kirche, die auf der Moschee des 12. Jh.s basiert – das sieht man ihr im Innern mit Säulen und Hufeisenbögen deutlich an! Heute verehrt man hier ein Bildnis »Unserer Lieben Frau zwischen den Weinbergen«, Nossa Senhora de Entre as Vinhas. Den Fluss im Blick, bietet sich in der **Unterstadt** ein Bummel bis zum Uhrturm an (Torre do Relógio; Ende 16. Jh.).

MUSEEN

Das **Museu de Mértola** ist ein Museumsnetzwerk aus 14 Einheiten, die, wie Kastell und Kirche, alle dieselben Öffnungszeiten haben (Di. bis So. 9.15–12.30 und 14.00–17.15 Uhr, www.museudemertola.pt). Dazu gehören u. a. die Casa Romana (Römisches Haus) und der Bereich Islamische Kunst (Arte Islâmica, Rua António José de Almeida 2). Ein Ausflug führt zum **historischen Minenareal** (www.fundacaoserrao martins.pt) nordöstl. von Mértola in Mina de São Domingos. Die Mine brachte 1858–1966 schwefel- und kupferhaltiges Gestein hervor.

INFORMATION

Rua da Igreja 31, Tel. 286 61 01 09, www.visitmertola.pt, www.cm-mertola.pt

JA **NATÜR** LICH

TOURISTISCHER AUFGALOPP & MEHR

Reiter kennen den Alentejo nicht nur als Zuchtregion der Lusitano-Pferde. Landgüter, aber auch professionelle Veranstalter bieten Ausritte an und nutzen so die weite, wenig besiedelte Landschaft. Dabei spannt sich der Bogen von den Inlandshügeln bis zur Küste.

Wiesen, Korkeichenwälder, endlose Flächen, das sind auch für Reiter bewährte Kulissen im Alentejo. Beim Veranstalter »Passeios a Cavalo Melides« bleibt es jedoch nicht beim Inland. Bei organisierten Ausritten geht es auch in Richtung Atlantik. Ausritte werden ganzjährig angeboten. Die einfach zu reitenden Tiere scheinen ebenso entspannt zu sein wie die Menschen im Alentejo. Die Stallungen befinden sich etwa zehn Kilometer von der Küstenlinie entfernt, die sich auf erreitbaren Höhen bei Panoramablicken abzeichnet. Ziel ist die Serra de Grândola, die für ihre alten Bestände von Korkeichen bekannt ist und außerdem für Pilzvorkommen.

Der weitgehend dünn besiedelte Alentejo mit seinen zauberhaften Landschaften eignet sich wie kaum eine andere Region Portugals für einen Reiturlaub.

Der direkte Kontakt mit der Natur setzt sich bei der Küstenvariante der Ausritte fort, bei denen es durch Dünensand geht. Da entdeckt man die verschiedensten Pflanzenarten, die im Frühling in vollster Pracht stehen. Ein geschickter Schachzug des Veranstalters ist es, Ausritte mit Weinverkostungen zu kombinieren. Somit bringt der Alentejo in mehrfacher Hinsicht auf den Geschmack. Nachfolgend Anhaltspunkte zu Preisen, die saisonal variieren: Ausritt 1 Stunde 45 Minuten 60–70 Euro p. P., mit Weinverkostung 80–90 Euro. Zudem sind auch Buchungen normaler Reitstunden möglich (45 Minuten für 35 Euro).

Passeios a Cavalo Melides: Tel. 910 47 73 58 und 917 47 48 65, www.passeiosacavalomelides.com
Treffpunkt bei Ausritten im Inland ist folgender: Monte da Marra, Estrada da Boavista, Melides.
Maßgeblich für die Küste: Praia de Vigia, Estrada da Praia da Vigia.
Natürlich darf man bei den Unternehmungen kein Deutsch erwarten. Die Verständigung erfolgt auf Englisch.

Die tollsten Märkte

ALGARVE MIT ALLEN SINNEN ERLEBEN

Bunt, wimmelig, unverfälscht. Auf ihre Märkte schwirren die Einheimischen selbst mit Vorliebe aus, um sich zu fairen Preisen mit ernte-, schlacht-, jagd- oder fangfrischen Produkten einzudecken. Für Besucherinnen und Besucher eine gute Gelegenheit, die Region mit allen Sinnen zu erleben – und natürlich einzukaufen!

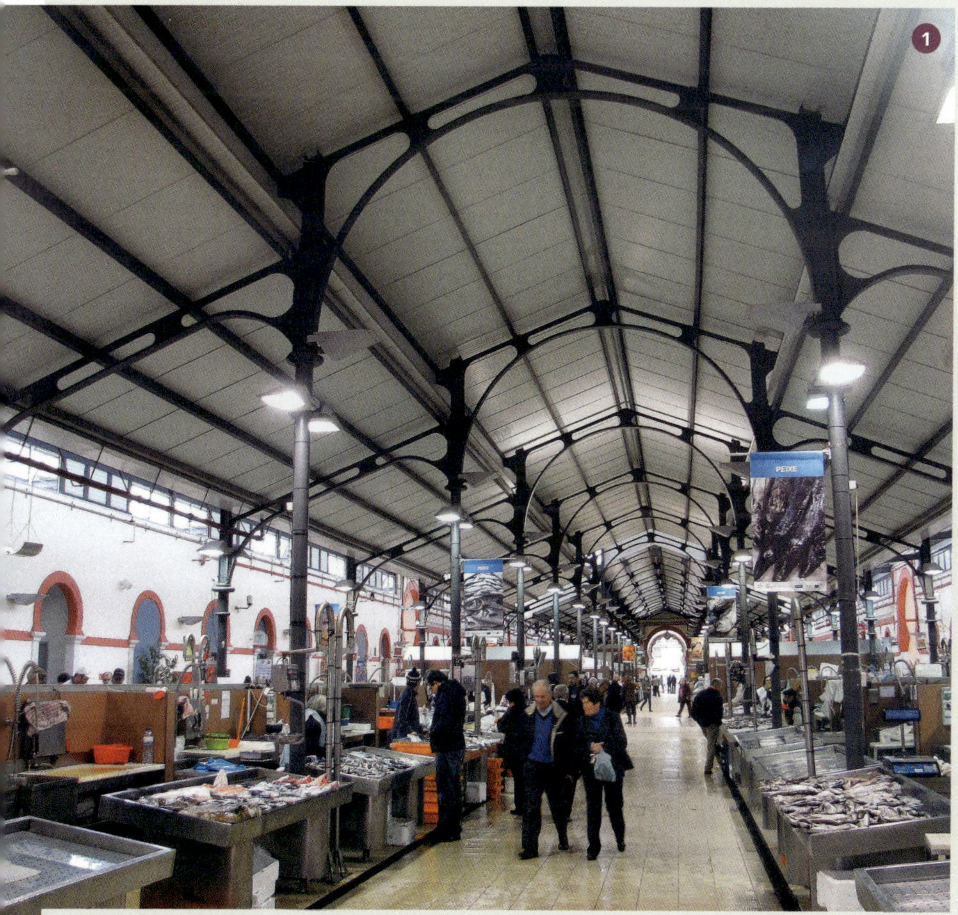

1 Mercado Municipal de Loulé

Die Markthalle an der Praça da República ist ein echter Hingucker in Loulé. Samt Hufeisenbögen in neomaurischem Stil gehalten, gibt sie dem Hinterlandstädtchen der Algarve einen orientalischen Anstrich. Im Innern steckt eine Eisenträgerkonstruktion, unter der an sechs Tagen in der Woche die Geschäfte pulsieren. Die Architektur von Alfredo Campos macht die Riesenhalle zum Unikat, ist aber keine Zurschaustellung für Touristen. Bereits 1908 – als der Tourismus noch keine Rolle spielte – wurde das Bauwerk eröffnet.

Mo.–Sa. 7.00–15.00 Uhr; www.lcglobal.pt

2 Mercado Produtor in Loulé

Eine Stimmung wie auf dem Basar, drangvolle Enge zwischen den Ständen – jeden Samstag beschert Loulé den Algarvios wie den Besuchern doppeltes Einkaufsvergnügen auf einen Streich. Dann steht rund um die orientalisch angehauchte Markthalle (siehe links, Mercado Municipal de Loulé) zusätzlich ein Wochenmarkt an, bei dem Kleinerzeuger ihre Produkte anbieten.

Sa. 7.00–15.00 Uhr; www.lcglobal.pt

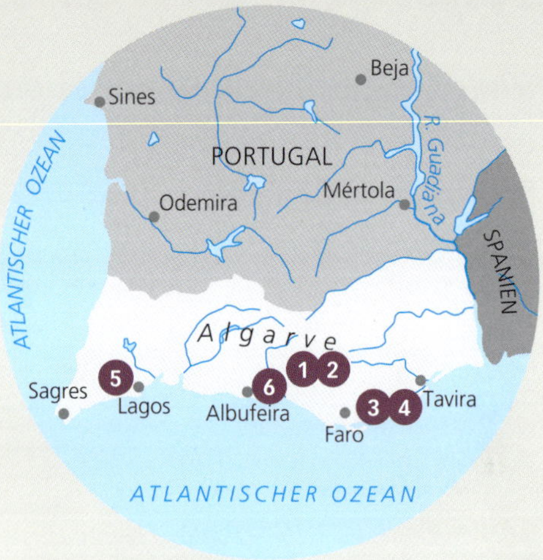

❸ Mercado Municipal de Olhão

Wer ist die Schönste in Portugals Sonnenregion – die Markthalle in Loulé oder die im Hafenstädtchen Olhão? Beide Gebäude haben XL-Format, doch die 1912–1916 erbaute Halle an der Avenida 5 de Outobro in Olhão toppt das Ganze vielleicht noch, da es sie in zweifacher Ausfertigung gibt: eine für die sagenhafte Auswahl an Fisch und Krustentieren, die andere für die restlichen Marktprodukte. Die Architektur wird von den Backsteinwänden und den haubenartig gekrönten Seitentürmen geprägt.

Mo.–Sa. 7.00–13.00 Uhr

❹ Mercado Produtor in Olhão

Ganz ähnlich wie in Loulé hat der Samstag in Olhão eine besondere Zugkraft. Dann rücken Landfrauen und Bauern zum Open-Air-Markt um die Halle an und verkaufen all das, was eben noch am Baum hing oder in der Erde steckte. Dazu gesellen sich Stände mit einem bunten Allerlei von Vogelkäfigen über Rasierpinsel bis zum Zwölferpack Socken für eine Handvoll Euro.

Sa. 7.00–13.00 Uhr

❺ Mercado Municipal de Lagos

In bescheideneren Maßen präsentiert sich die Markthalle von Lagos an der Avenida dos Descobrimentos. Die Kundenströme fließen in die Fisch-, Obst- und Gemüseabteilung. Die Atmosphäre ist fast familiär. Eine kulturelle Zugabe wartet oben mit dem Centro de Ciência Viva (http://lagos.cienciaviva.pt), einem kleinen Museum zum Zeitalter der portugiesischen Entdeckungen.

Mo.–Sa. 7.00–15.00 Uhr

❻ Mercado do Peixe de Quarteira

Hier liegt was in der Luft! Typischer, traditioneller und geruchsintensiver geht's kaum als auf dem kleinen Fischmarkt hinter dem Hafen von Quarteira. Einst wurden die Waren hier auf Karren angeliefert, wie ein Azulejos-Bild zeigt. Die Auslagen halten den Besucherinnen und Besuchern vor Augen, was so alles im Atlantik schwimmt: von der Sardine bis zum Seeteufel.

Mo.–Sa. 8.00–14.00 Uhr

HILFREICH & NÜTZLICH

Viele Wege führen an die Algarve. Welche, das erfahren Sie hier ebenso wie die günstigste Reisezeit, grundlegende Geschichtsdaten und alles, was sonst noch wichtig ist.

Märkte wie hier in Silves versorgen Einheimische und Touristen mit frischem Obst.

Anreise

Mit dem Flugzeug: Dreh- und Angelpunkt in Portugals Süden ist der internationale **Flughafen von Faro,** der mit Direktverbindungen auf den Flugplänen diverser Airlines steht, darunter Eurowings (www.eurowings.com) und Ryanair (www.ryanair.com). Der **Flughafen Lissabon** liegt nur 130 km nordwestlich der größten Alentejo-Stadt Évora. Such- und Vergleichsmöglichkeiten zu Strecken und Preisen geben Portale wie www.opodo.de oder www.fluege.de.
Über Land: Die Anreise mit dem **Auto** – je nach Ausgangsort 2500 bis 3000 km – dauert samt Übernachtungen in Frankreich und Spanien mindestens 2,5 bis 3 Tage. Bei Langzeit- Trips ist der Süden Portugals für Reisen im Wohnmobil besonders beliebt, vor allem im Winter.

Auskunft

Die offizielle Website des Portugiesischen Fremdenverkehrsamtes lautet www.visitportugal.com/de. Weitere nützliche Websites sind: www.portugalforum.de, http://portugalforum.org (große Infobörsen, Neuigkeiten. Zur Algarve klickt man sich unter http://visitalgarve.pt durch, zum Alentejo unter www.visitalentejo.pt.

Autofahren, Wohnmobile, Motorräder

Radarkontrollen und hohe Strafen haben die Fahrweise der Portugiesen gezähmt. Devise für Auswärtige: Zügig, aber im Zweifel defensiv. **Kreisverkehre** bergen Konfliktpotenzial, denn mitunter wird direkt und ohne Blinken von der Innenkurve zur Ausfahrt ausgeschert. **Tempolimits:** 50 km/h in Ortschaften, 90 km/h auf Landstraßen und 120 km/h auf Autobahnen. Das gilt auch für leichte Wohnmobile, während größere Wohnmobile laut ADAC außerorts mitunter nur 80 km/h und auf Autobahnen maximal 110 km/h fahren dürfen. Die **Alkoholgrenze** liegt bei 0,5, bei Fahrern mit weniger als drei Jahren Fahrpraxis bei 0,2 Promille.
In den Innenstädten sind viele **Parkplätze** gebührenpflichtig (*zona pago;* Parkscheinautomaten) oder Anwohnern vorbehalten (*zona residentes*). Außerhalb findet man oft Großparkplätze vor Strandzugängen. Nicht zu nah an Abbruchkanten parken! Mopeds und Motorräder müssen laut ADAC ganzjährig mit Abblendlicht fahren.
Auf Teilen von Portugals **Autobahnen** wird eine **elektronische Maut** erhoben, so wie an der Algarve. Wer ein Leihfahrzeug hat, erkundigt sich vorher beim Vermieter danach. Wer im eigenen Fahrzeug unterwegs ist, muss sich über Kreditkarte und Nummernschild registrieren. Niemals unregistriert auf der Autobahn unterwegs sein, bei der nur die elektronische Maut gilt, sonst drohen drakonische Strafen. Infos zum komplizierten Thema unter www.maut-in-portugal.info und www.portugaltolls.com.
Hinweise auf **Geschwindigkeitskontrollen** (*velocidade controlada*) sollte man ernst nehmen, **Bußgelder** sind vor Ort zu bezahlen. In ländlichen Gegenden muss man mit **Vieh** auf der Fahrbahn rechnen. **Tankstellen** verlangen gelegentlich eine Bezahlung im Voraus (*pré-pagamento*). Am Ostende der Algarve lohnt sich ggf. die Fahrt hinüber nach Spanien – dort tankt man billiger.
Erfahrungsgemäß ist es deutlich günstiger, einen **Mietwagen** von zu Hause aus zu bestellen als es auf gut Glück vor Ort zu versuchen. Verlässliche Vermittlungen laufen über www.reise-preise.de/urlaub-buchen/mietwagen.html und www.billiger-mietwagen.de (Tel. 0221 567 999 11). Stornierungen sind bis zu 24 Stunden vor Anmietung kostenlos. Die Preisspannen sind extrem groß, eine frühzeitige Buchung empfiehlt sich. Das Mindestalter variiert zwischen 23 und 25 Jahren. Eine Kreditkarte ist unerlässlich.

Bahn und Bus

Die Linienbusgesellschaft **Rede Expressos** (http://rede-expressos.pt Hotline 217 52 45 24 tgl. 7.00–22.00 Uhr) unterhält zahlreiche Überlandverbindungen. Maßgeblich für lokale Verbindungen ist **Vamus/Eva Transportes** (www.eva-bus.com mit Link zu http://vamusalgarve.pt). Bei Vamus gibt es das interessante Angebot eines **Algarve-Touristen-Passes**, der unbegrenzte Fahrten erlaubt (für 3/7 Tage 35/46 €). Eine Busstation heißt *Terminal Rodoviário*. Maßgebliche Strände werden von den jeweiligen Gemeindebussen angefahren. Das regionale Bahnnetz an der Algarve spannt sich von Vila Real de Santo António im Osten bis Lagos im Westen. Im Alentejo sind Beja und Évora ans Zugnetz angeschlossen. Streckensuche und Preisabfrage unter www.cp.pt.

Botschaften

Deutsche Botschaft: Campo dos Mártires da Pátria 38, Lissabon, Tel. 218 81 02 10, in Notfällen 965 80 80 92, http://lissabon.diplo.de
Österreichische Botschaft: Avenida Infante Santo 43, 4°, Lissabon, Tel. 213 94 39 00, www.bmeia.gv.at/oeb-lissabon
Schweizer Botschaft: Travessa do Jardim 17, Lissabon, Tel. 213 94 40 90, www.eda.admin.ch/lisbon

Essen und Trinken

Zum **Frühstück** (*pequeno almoço*) lieben es die Portugiesen tendenziell süß, in Hotels hat man sich jedoch oft auf die ausländische Nachfrage nach Wurst und Käse eingestellt. Gewöhnungsbedürftig ist die gesalzene Butter (*manteiga com sal*). In einigen Landhäusern gibt es Frühstück erst ab 8.00 oder 9.00 Uhr! Das **Mittagessen** (*almoço*) steht zwischen 12.00 und 14.30 Uhr, das **Abendessen** (*jantar*)

Info

Reisedaten

Reisepapiere: Personalausweis oder Reisepass
Währung: Euro
Inlandsverkehr: Busfahrt Faro–Évora ca. 17,50 €
Mietwagen: Ab ca. 80 €/Woche in der Nebensaison, inkl. Basisversicherung, Freikilometer, Steuern
Benzin: Preise ähnlich wie in Deutschland
Ortszeit: MEZ und MESZ minus 1 Std.

Es sollte keine Überraschung sein, dass die Speisekarte an der Algarve fischlastig ist. Oft wird der Fisch ohne viel Brimborium gegrillt und mit Gemüse und Salat serviert.

zwischen ca. 19.00 und 22.00 Uhr an.
Zum Essen bestellt man gern einfachen **Hauswein** (*vinho da casa*). Zwischendurch am Tag passt immer ein kleiner schwarzer Kaffee (*café*) oder ein Milchkaffee (*café com leite*). Portugiesische Besonderheit ist der *galão*, ein Kaffee mit aufgeschäumter Milch.
Im **Restaurant** gibt es häufig ein Tagesgericht (*prato do dia*), den frischen Fisch des Tages (*peixe fresco do dia*), Hauptgerichte als ganze Portion (*dose*) oder halbe Portion (*½ dose*), Stockfisch (*bacalhau*), Grillgerichte (*grelhados*) und einen gemischten Salat (*salada mista*). Für die Einheimischen besteht ein richtiges Essen aus Vorspeise/Suppe, Hauptgericht und Dessert. Die portugiesische Höflichkeit gebietet es, sich im Restaurant von der Bedienung einen Platz zuweisen zu lassen. Werden als Appetizer Brot, Butter, Oliven und Käse hingestellt, ist dies nicht als kostenloser Service misszuverstehen! Was angerührt wird, muss gesondert bezahlt werden. Häufig haben Restaurants sonntagabends und montags ganztägig geschlossen. Ausgewählte **Restaurants** sind auf den Infoseiten aufgeführt:

Preiskategorien

€€€	Tagesgericht/-menü	ab 25 €
€€	Tagesgericht/-menü	18–25 €
€	Tagesgericht/-menü	bis 18 €

Feiertage und Feste

Nationale Feiertage: 1. Januar (Neujahr), 25. April (Jahrestag der Nelkenrevolution), 1. Mai (Tag der Arbeit), 10. Juni (Nationalfeiertag), 15. August (Mariä Himmelfahrt), 5. Oktober (Ausrufung der Republik), 1. November (Allerheiligen), 1. Dezember (Wiederherstellung der Unabhängigkeit), 8. Dezember (Mariä Empfängnis) und 25. Dezember (Weihnachtstag).
Große Festtermine sind z. B.: **Karprozessionen** in Loulé und São Brás de Alportel; im Mai **Islamisches Festival** in Mértola (alle zwei Jahre, ungerade Jahreszahl), **Fischerfest** etwa Anfang Juni in Quarteira; im Frühsommer **Musikfestival** in Loulé; im Juli (in der zweiten Hälfte **Schinkenfest** in Monchique; im August **Mittelalter-Fest** in Silves (http://feiramedievaldesilves.pt), **Meeresfrüchtefestival** in Olhão (www.festivaldomarisco.com), **historische Feira** in Serpa, **Mittelalterliche Tage** gegen Monatsende in Castro Marim; um das 3. Wochenende im Oktober **Feira** von Castro Verde; ebenfalls im Oktober (gewöhnlich zu Monatsbeginn) ist das **Birdwatching Festival** in Sagres angesetzt (www.birdwatchingsagres.com).

Geld

Im Euroland Portugal lassen sich die Finanzvorräte an den verbreiteten **Geldautomaten** mit dem Zeichen »Multibanco« (MB) aufstocken. Gängige **Kreditkarten** wie Visa werden weitgehend akzeptiert.

Gesundheit

Mit der **Europäischen Krankenversicherungskarte** haben gesetzlich Versicherte aus dem Ausland Anspruch auf eine notwendige ärztliche Hilfe. Es empfiehlt sich ggf. dennoch eine zusätzliche Auslandskrankenversicherung, die auch die Kosten für den Rücktransport nach Deutschland einschließt (da sollte man auf das Kleingedruckte achten).
Eine portugiesische **Apotheke** (*farmácia*) ist am grünen Kreuz erkennbar, die Ausstattung mit Medikamenten meist sehr gut. Samstags sind Apotheken vormittags geöffnet.
Die landesweite **Notrufnummer** lautet 112.

Hotels / Unterkunft

Das Angebot reicht vom Ferienresort und Fünf-Sterne-Hotel über das Gasthaus (*estalagem, hospedaria*) und die Pension (*residencial, pensão*) bis zur Jugendherberge (*pousada de juventude*). Privatvermietungen von Apartments oder Häusern laufen auch in Portugal inzwischen über Portale wie Airbnb. Abseits der Küste sind Unterkünfte auf dem Land beliebt (*agroturismo, hotéis rurais, casas de campo*). Beliebte Hotelketten im höheren Segment sind Vila Galé (www.vilagale.com) und die Pousadas (www.pousadas.pt), die oft in historischen Gemäuern eingerichtet sind. Ausgewählte Unterkünfte finden sich auf den Infoseiten, die Preise gelten pro Nacht in der Hoch-/Zwischensaison:

Preiskategorien

€€€	Doppelzimmer	über 150 €
€€	Doppelzimmer	95–150 €
€	Doppelzimmer	bis 95 €

In Hotels ist Frühstück nicht automatisch im Preis enthalten. Der Check-in ist häufig erst um 16.00 Uhr möglich, auschecken muss man oft bis spätestens um 12.00 Uhr. Hilfreich für die Auswahl der richtigen Unterkunft sind Portale

Info

Daten & Fakten

Landesnatur: Algarve und Alentejo erstrecken sich im Südteil Portugals über 4960 km² (Algarve) bzw. 27 000 km² (Alentejo), womit gut ein Drittel der Kontinentalfläche des Landes auf die beiden Großregionen entfällt. Die Algarveküste ist über 200 km lang und setzt sich aus unterschiedlichen Abschnitten zusammen: der Sandalgarve vom Grenzfluss Guadiana bis Faro, der Felsalgarve westlich von Faro bis zum Kap São Vicente sowie der rauen, klippendurchsetzten Costa Vicentina nördlich des Kaps. Höchster Berg ist die 902 m hohe Fóia in der Serra de Monchique. Der Alentejo wendet sich mit der gut 120 km langen Costa Alentejana an den Atlantik, stößt ostwärts an Spanien und dehnt sich mit seinem Nordteil weit über die Höhe von Lissabon hinaus (für den vorliegenden Band nicht relevant). Charakteristisch sind die flachen oder leicht welligen Weiten.
Bevölkerung: Während die Algarve mit ca. 450 000 Einwohnern dicht besiedelt ist, verteilen sich über den gut fünfmal so großen Alentejo nur rund 535 000 Menschen. Größte und wichtigste Städte sind Faro (Algarve) und Évora (Alentejo).
Wirtschaft: Für die Algarve ist der Wirtschaftsfaktor Tourismus kennzeichnend, für den Alentejo die Land- und Forstwirtschaft (Oliven, Kork, Viehzucht, Weinbau). Darüber hinaus gibt es im Alentejo Marmorabbau und Kupfergewinnung; an der Algarve spielen Fischfang und Muschelzucht nach wie vor eine Rolle.

Info

Wetterdaten

Faro	TAGES-TEMP. MAX.	TAGES-TEMP. MIN.	WASSER-TEMP.	TAGE MIT NIEDER-SCHLAG	SONNEN-STUNDEN PRO TAG
Januar	15°	9°	15°	7	6
Februar	16°	10°	15°	6	7
März	18°	11°	15°	8	7
April	20°	13°	16°	5	9
Mai	22°	14°	17°	3	10
Juni	25°	18°	18°	1	12
Juli	28°	20°	19°	0	12
August	28°	20°	20°	0	12
September	26°	19°	20°	2	10
Oktober	22°	16°	19°	4	8
November	19°	13°	17°	7	6
Dezember	16°	10°	16°	7	6

wie Booking.com und Kundenbewertungen z. B. auf Tripadvisor (die allerdings vereinzelt auch Fakes sein können).

Klima / Reisezeit

Die meisten Gäste kommen zwischen Ostern und Herbst, doch über 3000 Sonnenstunden sprechen für die Algarve als Ganzjahresdestination. Bergketten halten kühle Nordwinde zurück, während von Süden die Wärme Nordafrikas heranwehen kann. So herrscht ein mildes Küstenklima mit Durchschnittstemperaturen von 15° C im Winter und 24° C im Sommer. Der Alentejo zeichnet sich durch teils mediterranes, teils kontinentales Klima aus. Die dortigen Sommer sind extrem heiß und trocken.

Literatur

Nicole Biarnés: Glücksorte an der Algarve. Droste Verlag, Düsseldorf. Der Autorin kommt das Verdienst zu, teils sehr wenig bekannte Orte und Plätze treffend skizziert zu haben.
Carolina Conrad: Stürmische Algarve. Anabela Silva ermittelt. Rowohlt Taschenbuch, Hamburg. Die Algarve als kriminelles Pflaster – und das gleich in mehreren Bänden.
Andreas Drouve: Wild Places Portugal, Bruckmann, München. Dabei kommen auch Algarve und Alentejo ausführlich zu ihrem Recht.
Gil Ribeiro: Schwarzer August. Lost in Fuseta. Kiepenheuer & Witsch, Köln. Die Algarve als Krimikulisse; es gibt mittlerweile mehrere Bände um den Ermittler Leander Lost.

Öffnungszeiten

Museen und Monumente haben teils auch im Sommer eine Mittagspause (12.30–14.00/15.00 Uhr). Am Montag ist fast überall geschlossen. **Banken** haben in der Regel Mo.–Fr. 8.30 bis 15.00 Uhr geöffnet, normale **Geschäfte** Mo. bis Fr. 9.00/10.00–13.00 und 15.00–19.00 Uhr, Sa. nur vormittags. Dagegen öffnen **große Supermärkte** gewöhnlich tgl. 9.00–20.00/ 21.00 Uhr.

Post

Briefmarken (*selos*) sind in Postämtern (*correios;* Mo.–Fr. 9.00–18.00 Uhr) und Geschäften mit dem Zeichen »CTT Selos« erhältlich. **Briefkästen** sind rot (*correio normal*), für entsprechend frankierte Expresspost blau (*correio azul*).

Sprache

Portugiesen sprechen durchweg ein gutes Englisch – Deutsch darf man auch im internationalen Tourismusgeschäft nicht zwangsläufig erwarten. Manche, vor allem ältere Menschen, sind allerdings nur in ihrer eigenen Sprache zu Hause, die sich durch ein starkes Zusammenziehen der Silben auszeichnet, verbunden mit leichten Zischlauten.

Strände

Die **Atlantikstrände** an der Costa Vicentina im äußersten Südwesten Portugals sind Surferreviere, deutlich ruhiger präsentiert sich das Meer an der Sandalgarve rund um Faro – perfekt für Badeurlauber. An der Felsagarve zwischen diesen beiden Extremen gibt es zahlreiche, idyllische Badebuchten. Sehr unterschiedlich ist die Infrastruktur an den Stränden. Mal gibt es Duschen, Toiletten und ein Restaurant, mal Sonnenschirm- und Liegenverleih, mal nichts, was an Zivilisation erinnern oder Schatten spenden würde. Daher gilt: Sonnencreme und -schutz nicht vergessen! Oben ohne ist weit verbreitet, ein offizieller Nacktbadestrand stets als *praia naturista* ausgewiesen.

Telefon

Das eigene **Handy** stellt sich automatisch auf den frequenzstärksten Netzbetreiber ein. Seit dem Wegfall der Roaming-Gebühren ist Telefonieren und mobiles Surfen entspannter.
Bei Gesprächen aus Portugal ins Ausland wählt man die **internationale Vorwahl** 00, danach die Landeskennzahl (Deutschland 49, Österreich 43, Schweiz 41) und die Ortsvorwahl ohne 0. Die internationale Vorwahl nach Portugal lautet 00351. Im Land muss stets die ganze neunstellige Rufnummer gewählt werden. Handynummern erkennt man an der 9 zu Beginn.

Info

Geschichte und Gegenwart

4./3. Jahrtausend v. Chr.: Höhepunkte der Megalith-Kultur mit zahlreichen Zeugnissen.
3. Jh. v. Chr.–4./5. Jh. n. Chr.: Herrschaft der Römer, belegt durch Ruinen u. a. in Évora, Milreu, Conímbriga.
8. Jh. n. Chr.: Mauren breiten sich auf die Iberische Halbinsel. Später steigen Mértola und Silves zu bedeutenden maurischen Stützpunkten auf.
1139: Bei der Schlacht von Ourique besiegt Afonso Henriques die Mauren.
1143: Die Unabhängigkeit Portugals wird im Friedensvertrag von Zamora vom kastilisch-leonesischen Königshaus offiziell anerkannt und damit auch Afonso Henriques als König.
1189: Eroberung von Silves.
15. Jh.: Beginn der Entdeckungsfahrten, gefördert von Prinz Heinrich dem Seefahrer (1394–1460). Expeditionen an die Westküste Afrikas und Beginn des lukrativen Sklavenhandels mit dem Umschlagplatz Lagos.
1495–1521: Herrschaft von König Manuel I., der die Entdeckungsreisen unterstützt und Namensgeber einer überbordenden Dekorationskunst wird (Manuelinik/Emanuelstil).
1580–1640: Portugal unter spanischer Herrschaft; nach der Loslösung stellt das Haus von Bragança mit João IV. den ersten neuen König.
1755: Ein Erdbeben und ein Tsunami erschüttern Portugal und zerstören weite Teile auch der Hauptstadt Lissabon.
1910–1926: Republik, mehrere Regierungswechsel und Revolten, gefolgt von diktatorischer Machtergreifung.
1939–1945: Portugal ist im Zweiten Weltkrieg, neutral.
1974: Unblutiger Militärputsch (»Nelkenrevolution«) und Ende der Diktatur.
1986: Beitritt zur Europäischen Wirtschaftsgemeinschaft.
2002: Portugal wird Euro-Land.
Beginn der Befüllung des riesigen Alqueva-Stausees im Alentejo.
2010er-Jahre: Verschärfte Auswirkungen der Schulden-, Finanz- und Wirtschaftskrise; Beginn der Finanzhilfen der EU und des internationalen Währungsfonds. Daraufhin kommt es zu einer allmählichen Entspannung der Wirtschaftslage, auch dank der Einnahmen durch den Tourismus. Kurz gesagt: ein kontinuierliches Auf und Ab.
2020–2022: Die Corona-Krise trifft die Menschen und den Tourismus hart.
2024: Auf den Wiederaufschwung nach der Pandemie verlangsamt sich die Wirtschaft, die aber auf einer gefestigten Basis steht.

REGISTER

Fette Ziffern verweisen auf Abbildungen.

Impressum

5. Auflage 2024

Verlag: DuMont Reiseverlag, Postfach 3151, 73751 Ostfildern, Tel. 0711/4502-0, Fax 0711/4502-135, www.dumontreise.de
Geschäftsführer(in): Dr. Stephanie Mair-Huydts, Markus Schneider
Programmleitung: Andrea Wurth
Redaktion: Robert Fischer (www.vrb-muenchen.de)
Text und Aktualisierung: Dr. Andreas Drouve
Exklusiv-Fotografie: Sabine Lubenow
Titelbild: laif/Gonzalo Azumendi
Zusätzliches Bildmaterial: S. 3 u. Andreas Drouve, 20 u., 21 o. und 21 u. r. Andreas Drouve; 33 l. laif/Gerhard Westrich, 34 o. laif/Redux/NYT/James Rajotte, 34 u. laif/PhotoAlto/Laurence Mouton, 37 r. u. DuMont Bildarchiv/Thomas P. Widmann, 39 mauritius images/Jacek Sopotnicki, 53 u. mauritius images/Alamy, 56 o. r. und 57 Andreas Drouve, 74 l. Cascade Wellness & Lifestyle Resort, Lagos, 74 r. Bela Vista Hotel & Spa, Portimão, 75 o. l. Villa Termal das Caldas de Monchique Spa Resort, 75 o. r. Vilalara Thalassa Resort, Lagoa, 75 u. l. Sheraton Algarve, Albufeira, 75 u. r. Epic Sana Algarve Hotel, Albufeira, 78 o. l. und 79 Andreas Drouve, 89 u. und 91 o. r. mauritius images/John Warburton-Lee, 92 o. r. laif/Jens Schwarz, 107 l. picture-alliance/dpa/Christian Volbracht, 107 r. laif/H.-B. Huber, 111 r.o. Andreas Drouve, 112 l. und r. u. mauritius images/Alamy, 114 u. l. Andreas Drouve, 114 u. r. und 115 o. mauritius images/Alamy, 115 u. Andreas Drouve; 116 mauritius images/Michael Howard, 120 l. mauritius images/Alamy/inaquim, 120 r. Shutterstock/CharMoment, 121 o. mauritius images/Alamy/RW Travel

Grafische Konzeption, Art Direktion: fpm factor product münchen
Cover Gestaltung, Layout: CYCLUS · Visuelle Kommunikation, Stuttgart
Kartografie: © MAIRDUMONT GmbH & Co. KG, Ostfildern
Kartografie Lawall (Karten für »Unsere Favoriten«)

DuMont Bildarchiv: Marco-Polo-Straße 1, 73760 Ostfildern, bildarchiv@mairdumont.com

Anzeigenvermarktung: MAIRDUMONT MEDIA, Tel. 0711/4502-0, media@mairdumont.com, http://media.mairdumont.com
Vertrieb Zeitschriftenhandel: PARTNER Medienservices GmbH, Postfach 810420, 70521 Stuttgart, Tel. 0711/7252-212
Vertrieb Abonnement: Leserservice DuMont Bildatlas, Zenit Pressevertrieb GmbH, Postfach 810640, 70523 Stuttgart, Tel. 0711/7252-265, dumontreise@zenit-presse.de
Vertrieb Buchhandel und Einzelhefte: MAIRDUMONT GmbH & Co KG, Marco-Polo-Straße 1, 73760 Ostfildern, Tel. 0711/4502-0
Reproduktionen: PPP Pre Print Partner GmbH & Co. KG, Köln

Printed in Germany

FSC
www.fsc.org
MIX
Papier | Fördert gute Waldnutzung
FSC® C155291

Urlaub erinnern …

Jeder Urlaub geht einmal zu Ende – was bleibt, sind die Mitbringsel, aber auch die Erinnerungen an Land und Leute, an Aromen und Düfte und an manche Kuriosität.

SCHNEE AN DER ALGARVE

Eine Legende erzählt von einem Maurenfürsten, der eine gefangene Prinzessin aus Nordeuropa zu einer seiner Frauen machte. Sie liebten sich, doch war sie traurig, weil sie den Schnee der Heimat vermisste. Da ließ der Herrscher Mandelbäume pflanzen, deren Blüten sich zu Jahresbeginn wie eine weiße Decke übers Land legten. Das machte sie glücklich. Die leuchtende Pracht fesselt bis heute jeden Betrachter.

KACHELZIER

Diese Erinnerung bleibt buchstäblich haften: daheim an der Wand, etwa neben der Eingangstür am Klingelschild oder auch in der guten Stube. Die Schmuckkacheln (Azulejos) sind nicht nur in Portugal allgegenwärtig, sondern zugleich ein dekoratives wie beliebtes Mitbringsel. Bei mir kommen sie als Untersetzer zum Einsatz.

PRISENWEISE ALGARVE

Die Gegend rund um Castro Marim im Ostteil der Algarve ist für die Salzgewinnung bekannt. Falls Sie Meersalz so sehr mögen wie ich, decken Sie sich tütchenweise damit ein: fein gemahlen oder grob für die Salzmühle. Damit bringen Sie die Algarve daheim Prise für Prise auf den Tisch.

LEDER OHNE TIER

Wer weiches Leder mag, aber Abstand von tierischen Produkten halten will, für den ist Korkleder das Richtige. Den Rohstoff liefern Korkeichen. Daraus entstehen nach komplexen Prozessen originelle Produkte: Geldbeutel, Gürtel, Mousepads, Taschen und vieles mehr. Unterwegs werden Sie in »Cork Shops« fündig.

ECHT ANIMALISCH

Greifen Sie zu, falls Sie einen Hahn sehen. Genauer: den Hahn aus Barcelos, der laut Legende einen unschuldig verurteilten Pilger auf dem Weg ins spanische Santiago de Compostela vor dem Strang rettete. Das Federtier gibt es als Motiv auf Schürzen, Küchentüchern, Tischdecken. Bei mir hat ein bunt bemalter Keramikhahn seinen Ehrenplatz im Wohnzimmer. Kitschig? Vielleicht. Na und?

EHRLICHE TROPFEN

Weine von der Algarve oder aus dem Alentejo als Mitbringsel, das ist, als würden Sie südportugiesische Sonnenstrahlen in der Flasche nach Hause transportieren. Weinkenner mögen entgegnen, dass es bessere Tropfen gibt. Das stimmt, aber es sind handfeste, ehrliche Weine – und damit Spiegelbilder der Region.

NOCH EIN FLÜSSIGES SOUVENIR

Ein klarer Obstschnaps ist der Aguardente de Medronho, gewonnen aus den Früchten des Erdbeerbaums. Der Brand erfordert von seinen Erzeugern viel Arbeit. Heraus kommt ein starker, unverwechselbarer Absacker, der in den Eingeweiden so richtig aufräumt.

LESEFUTTER

Spannende Stoffe, verwoben mit Lokalkolorit und nachvollziehbaren Schauplätzen sind die Stärken von Algarve-Krimis, bei denen sich zwei Ermittler gegenseitig Konkurrenz machen oder ergänzen – je nach Blickwinkel: Anabela Silva in den Büchern von Carolina Conrad (u. a. »Stürmische Algarve«) und Leander Lost bei Gil Ribeiro (u. a. »Dunkle Verbindungen: Lost in Fuseta«).

»DAS GANZE LAND, AUS DESSEN IMMERGRÜNEM FRUCHTWALDE HIER UND DA EINE HOHE PALME IHRE ZIERLICHE BLÄTTERKRONE EMPORHEBT, WIMMELT VON GEHÖFTEN UND FREUNDLICHEN ORTSCHAFTEN.«

Moritz Willkomm, deutscher Reisender, 1847

NEUAUFSTEIGER

Wenn nicht hier, wo dann kann man sich bei einem Surfkurs in den Atlantik stürzen? Ich hab's einen Tag lang an der Praia do Amado ausprobiert und war stolz, am Ende eine gefühlte Ewigkeit auf dem Brett zu stehen. Tatsächlich waren es nur ein, zwei Sekunden. Fürs nächste Mal ist sehr viel Luft nach oben …

AF723704

PORTO PORTUGAL NORDEN

Die Schöne am Douro
Lange im Schatten Lissabons hat sich Porto in den letzten Jahren in der ersten Riege der weltweiten Topreiseziele einen Platz gesichert. Und das zu Recht! Sehen Sie selbst!

Mittelalter live
Abseits der Küsten scheint in Nordportugal die Zeit stillzustehen – ein Besuch in den »historischen Dörfern« zwischen Coimbra und Porto ist ein besonderes Erlebnis.

www.dumontreise.de

OSTSEEKÜSTE MECK-POMM

Im Zeichen der Hanse
Wir stellen die Stadtschönheiten Rostock, Stralsund, Wismar, Greifswald und Anklam mit ihren Sehenswürdigkeiten ausführlich vor.

Strände ohne Ende ...
... und für jeden Geschmack mit guter Infrastruktur oder ganz naturbelassen. Finden Sie mit Hilfe des DuMont Bildatlas Ihr persönliches Strandparadies.

LIEFERBARE AUSGABEN

DEUTSCHLAND
207 Allgäu
216 Altmühltal
220 Bayerischer Wald
180 Berlin
162 Bodensee
217 Brandenburg
175 Chiemgau, Berchtesg. Land
237 Dresden, Sächsische Schweiz
152 Eifel, Aachen
157 Elbe und Weser, Bremen
168 Franken
020 Frankfurt, Rhein-Main
112 Freiburg, Basel, Colmar
231 Hamburg
026 Hannover zw. Harz und Heide
042 Harz
023 Leipzig, Halle, Magdeburg
210 Lüneburger Heide
188 Mecklenburgische Seen
038 Mecklenburg-Vorpommern
033 Mosel
190 München
047 Münsterland
223 Nordseeküste Schleswig-Holstein
006 Oberbayern
161 Odenwald, Heidelberg
035 Osnabrücker Land
002 Ostfriesland
164 Ostseeküste Mecklenburg-Vorpommern
154 Ostseeküste Schleswig-Holstein
201 Pfalz
040 Rhein zw. Köln und Mainz
185 Rhön
186 Rügen, Usedom, Hiddensee
206 Ruhrgebiet
149 Saarland
182 Sachsen
159 Schwarzwald Norden
045 Schwarzwald Süden
018 Spreewald, Lausitz
008 Stuttgart, Schwäbische Alb
239 Sylt, Amrum, Föhr
204 Teutoburger Wald
170 Thüringen
037 Weserbergland

BENELUX
156 Amsterdam
011 Flandern, Brüssel
179 Niederlande

FRANKREICH
177 Bretagne
021 Côte d'Azur
032 Elsass
228 Frankreich Südwesten Okzitanien
240 Französische Atlantikküste
019 Korsika
213 Normandie
235 Paris
198 Provence

GROSSBRITANNIEN/IRLAND
187 Irland
202 London
189 Schottland
227 Südengland

ITALIEN/MALTA/KROATIEN
181 Apulien, Kalabrien
211 Gardasee
222 Golf von Neapel, Kampanien
163 Istrien, Kvarner Bucht
215 Italien, Norden
233 Kroatische Adria
167 Malta
155 Oberitalienische Seen
158 Piemont, Turin
014 Rom
165 Sardinien
003 Sizilien
203 Südtirol
039 Toskana
232 Venedig, Venetien

GRIECHENLAND/ZYPERN/TÜRKEI
034 Istanbul
016 Kreta
176 Türkische Südküste, Antalya
229 Zypern

MITTEL- UND OSTEUROPA
236 Baltikum
208 Danzig, Ostsee, Masuren
169 Krakau, Breslau, Polen Süden
044 Prag
193 St. Petersburg

ÖSTERREICH/SCHWEIZ
192 Kärnten
004 Salzburger Land
196 Schweiz
226 Tirol
197 Wien

SPANIEN/PORTUGAL
043 Algarve
214 Andalusien
150 Barcelona
025 Gran Canaria, Fuerteventura, Lanzarote
172 Kanarische Inseln
199 Lissabon
209 Madeira
174 Mallorca
225 Porto, Portugal Norden
241 Spanien Norden, Jakobsweg
219 Teneriffa, La Palma, La Gomera , El Hierro

SKANDINAVIEN/NORDEUROPA
166 Dänemark
212 Finnland
153 Hurtigruten
029 Island
200 Norwegen Norden
178 Norwegen Süden
151 Schweden Süden, Stockholm

LÄNDERÜBERGREIFENDE BÄNDE
224 Donau – Von der Quelle bis zur Mündung
112 Freiburg, Basel, Colmar
221 Kreuzfahrt auf der Ostsee

AUSSEREUROPÄISCHE ZIELE
183 Australien Osten, Sydney
109 Australien Süden, Westen
218 Bali, Lombok
195 Costa Rica
234 Dubai, Abu Dhabi, VAE
160 Florida
205 Iran
027 Israel, Palästina
230 Kalifornien
031 Kanada Osten
191 Kanada Westen
171 Kuba
238 Marokko
022 Namibia
194 Neuseeland
041 New York
184 Sri Lanka
048 Südafrika
012 Thailand
046 Vietnam